AF282401

Aleya Nigg

# Zoff

Kurzroman

© 2024 Aleya Nigg

Lektorat: Sandra Nigg, Andreas Nigg und Rolf Kohler

Verlag: BoD · Books on Demand GmbH, In de Tarpen 42, 22848 Norderstedt

Druck: Libri Plureos GmbH, Friedensallee 273, 22763 Hamburg

ISBN: 978-3-7597-2358-1

# Kapitel 1

Er japste nach Luft. Sein Hals brannte und in seinem Mund schmeckte es blutig. Dennoch rannte er weiter. Der viel zu schwere Rucksack drückte ihm auf die Schultern und verlangsamte ihn. Er fuhr los. Nein! Hektisch winkte er mit den Armen und beschleunigte seine Schritte.

Die Reifen quietschten. Blieben stehen. Erleichtert atmete er aus und wurde langsamer. Dabei stolperte er über einen Randstein und überschlug sich.

Er purzelte und blieb mit dem Gesicht nach oben auf dem Rucksack liegen. Nun lag er da wie der letzte Trottel. Nassgeschwitzt und feuerrot. Am Churer Bahnhof, wo zum Glück ja nie jemand war. Als er sich aufrappelte und leicht schwankend aufrichtete, glotzten ihn nur etwa zwanzig Leute an.

Er lächelte verkniffen, was es nicht besser machte, und marschierte in Richtung Mannschaftsbus, nach verbranntem Gummi und Benzin stinkend, da es ihn neben der schwarzen Bremsspur geschmissen hatte.

Die Tür sprang auf und ein junger Mann streckte den Kopf hinaus. „Nevio?", fragte er belustigt. Er nickte und schaute verhalten zu den Fenstern, von wo ihm zehn grinsende Gesichter entgegenblickten. Na toll. Schön, dass alle seinen spektakulären Sturz gesehen hatten.

„Na dann, hereinspaziert. Ausser du willst uns noch ein athletisches Meisterwerk zeigen, du scheinst gut darin zu sein", bemerkte der junge Mann und wies ihn in den Mannschaftsbus. „Für den Moment ist es gerade gut, aber vielleicht überrasche ich euch ein anderes Mal wieder."

Er quetschte sich am Mann hindurch und schaute in den Mannschaftsbus hinein. Zehn Jungs in etwa seinem Alter, also etwa sechzehn. Die meisten sassen alleine, manche aber auch zu zweit. Da er keine Ahnung hatte, wo dieses Lager stattfand und wie lange sie fahren würden, setzte er sich zu einem Jungen hinzu. So könnte er wenigstens ein wenig plaudern.

„Toller Auftritt", meinte dieser feixend zu ihm, als der Mannschaftsbus erneut anfuhr. Vielleicht hätte er sich doch an einen Einzelplatz setzen sollen. „Danke", antwortete er noch immer etwas ausser Atem. Er hasste Sport.

„Wie heisst du?", fragte er den Jungen, um ein Gespräch anzufangen. „Simon und du?" – „Nevio", erwiderte er. „Darf ich dich auch Unfall nennen?", erkundigte sich darauf der Junge spöttisch. Das war der Moment, in dem Nevio beschloss, dass er ihn nicht mochte. „Tu, was du nicht lassen kannst", entgegnete er kühl und schaute in den Gang.

Die Jungs, die er von seinem Platz aus sah, glotzten ins Handy. Die heutige Jugend, keine Ahnung, was alle so nice daran fanden. Er war ebenfalls oft am Handy, aber zuhause, wenn er nichts zu tun hatte. Sonst sprach er gerne mit anderen Leuten. Okay, theoretisch hatte er jetzt nichts zu tun, denn mit diesem Simon wollte er nicht sprechen.

Er entschied sich aber dazu, aus dem Fenster zu schauen und die Landschaft an sich vorbeiziehen zu lassen. Er kannte die Ortschaften, an denen sie vorbeifuhren, bald nicht mehr. Sie kamen nur an irgendwelchen Kaffs vorbei, die aus irgendwie fünf Häusern bestanden.

Er kannte ihr Ziel gar nicht. Auf der E-Mail war, soweit er wusste, der Ort des Lagers nicht erwähnt worden. Allgemein war er überaus überrascht gewesen, als er diese E-Mail erhalten hatte, und hatte zuerst gedacht, dass es sich um Spam gehandelt hätte.

*Gratulation, du wurdest ausgelost, um an einem dreiwöchigen Lager in Graubünden teilnehmen zu dürfen! Es erwarten dich viele aufregende Aktivitäten und neue Freundschaften! Wir freuen uns auf dich.*

Seine Eltern hatten anfangs gemeint, dass er da auf keinen Fall hingehen sollte, da das nicht vertrauenswürdig sei. Aber nachdem sie lange gegoogelt hatten und es sich als einen seriösen Anbieter herausgestellt hatte, hatten sie ihm den Freipass gegeben.

Er hatte in den Sommerferien ohnehin nichts vorgehabt und hatte gedacht: Wieso nicht? Hörte sich doch gut an.

Wusste Simon, wohin es ging? Eigentlich hatte er keine Lust, mit ihm zu sprechen, aber das interessierte ihn dann doch zu sehr. Er drehte sich zu ihm um und fragte: „Weisst du, wo dieses Lager stattfindet?" – „Hä?", grunzte er und nahm sich die Kopfhörer aus den Ohren. „Ob du weisst, wo das Lager stattfindet", wiederholte Nevio. „Nö. Ich hab die Teilnahme gewonnen, das stand da nicht", erwiderte er und steckte sich die Musik wieder in die Ohren.

Er wurde ebenfalls ausgelost? Merkwürdig. Aber egal, allzu lange würde die Fahrt sicher nicht mehr dauern. Da behielt er recht, denn kurz darauf stand einer der beiden Männer auf. Es war nicht der, der ihm die Tür aufgemacht hatte. Dieser hatte braune Haare, war ein wenig älter als der andere und sah strenger aus.

„Könntet ihr alle eure Kopfhörer bitte kurz abnehmen?", fragte er in die Runde und wartete, bis alle reagierten. „Hallo zusammen, ich bin Louis und der da ..." – er zeigte auf den Schwarzhaarigen – „ist Sven. Wir sind eure Aufsichtspersonen und begrüssen euch ganz herzlich im Lager. Wir werden in Kürze ankommen, aber da gibt es noch etwas Kleines, was wir vergessen haben, euch mitzuteilen. Der Lagerplatz befindet sich leider in einem Funkloch, weswegen ihr für drei Wochen nicht erreichbar sein werdet. Vielleicht solltet ihr das euren Liebsten noch mitteilen, wir bitten um Verständnis."

Er sass wieder auf seinen Platz und hinterliess empörtes Gemurmel. „Wenn ich das gewusst hätte ..." – „Ich gehe wieder nach Hause." Wenn man deswegen nach Hause geht, ist man doch gestört. Aber das kam tatsächlich unerwartet. Nevio nahm nun ebenfalls sein Handy hervor und tippte rasch eine Nachricht an seine Familie und eine in den Gruppenchat mit seinen Kollegen.

Dann wurde der Mannschaftsbus schon langsamer und er sah eine verlassene Hütte am Waldrand. Gemütlich, da würden sie sicher keinen Besuch haben. Er nahm sein Gepäck hervor und stellte sich zu den anderen Jungs in den Gang. Louis öffnete die Türe und sie drängten hinaus.

*\*\**

Er steckte fest. Konnte weder vor noch zurück. Panik überkam ihn. Die Wand war hoch. Sehr hoch. Ängstlich sah er nach unten. Der Typ rief ihm irgendwas zu, aber Liam konnte ihn nicht hören. Nun gestikulierte er auch noch, er schien ihm etwas symbolisieren zu wollen, aber was? Ausserdem sollte er sich eher auf das Seil konzentrieren, das wäre ihm lieber. Vertraute er ihm? Er kannte nicht mal seinen Namen und das, obwohl sein Leben von ihm abhing. Natürlich hatte er ihn mal erwähnt, aber Namen hatte er sich noch nie merken können. Etwas wie Andri? Oder Fadri? Oder etwas ganz anderes? Er hatte keine Ahnung. Immerhin waren es zehn Jungs, die er gestern im Mannschaftsbus alle das erste Mal gesehen hatte. Da konnte man die Namen leicht mal durcheinanderbringen. Vielleicht würde er ihn später nochmals fragen. Falls er überlebte.

Das brachte ihn zurück zu seinem Problem. Seine Arme brannten, lange konnte er sich nicht mehr halten. Würde der Typ, dessen Namen er nicht kannte, ihn auffangen? Sollte er sich einfach fallen lassen? Aber dann konnte er auch gleich versuchen, den nächsten Griff zu erreichen. Oberhalb von ihm hatte es einen leichten Felsvorsprung, an dem er Magnesium erkennen konnte, das war demnach sein nächstes Ziel. Aber dafür musste er einen Sprung wagen. In ihm begann es zu kribbeln. Er liebte sportliche Herausforderungen. Wenn er jetzt am Bouldern wäre, würde er keine Sekunde zögern. Das Problem war, dass er diesen Typen nicht kannte und nicht wusste, ob er ihn halten würde. Falls er fallen würde, versteht sich. Würde er fallen?

Der Schweiss tropfte nur so an ihm herunter, sein T-Shirt war komplett nass geschwitzt. Wieso musste die Sonne prall auf ihn herab scheinen? Seine Hände standen kurz davor, abzurutschen. Aber er würde sicher nicht versuchen, an den Magnesiumbeutel, der an seinem Klettergurt befestigt war, zu greifen.

Liam schaute erneut nach unten und stellte zu allem Überdruss fest, dass die gesamte Gruppe zu ihm hochschaute. Das beruhigte sein Stresslevel enorm. Bald würden sie alle einen spektakulären Fall sehen. Würde er in die Geschichte eingehen, wenn er nicht überlebte? Falls nicht, würde es wenigstens ein paar Zeitungsartikel über ihn geben. Sechzehnjähriger Junge beim Klettern tödlich abgestürzt, würde es heissen. Die anderen dürften das Lager sicher nicht fortsetzen, das wäre schade. Er sollte besser überleben.

Urplötzlich schrien alle. Aber selbst, wenn er auf die Distanz etwas gehört hätte, war es so ein Durcheinander, dass er ohnehin nichts verstanden hätte. Nicht, dass es ihm viel gebracht hätte. Er brauchte Ruhe und eine Wolke, die die Sonne von ihm abschirmte. Denn diese Hitze störte seine Konzentration und seinen Denkprozess. Nicht, dass er beim Denken je besonders gut gewesen wäre, aber dennoch.

Er drehte sich wieder zur Wand und schaute auf den Felsvorsprung. Wie weit war es? Einen halben Meter? Schwierig einzuschätzen, wenn man am Felsen hing. Hatte er irgendwo noch einen Fuss? Wieso musste er sich bloss die schwerste Route aussuchen? Beim Sport verlor er sich immer, er liebte den Nervenkitzel zu sehr und wollte seine Grenzen jedes Mal ausloten.

Wenn er nicht innerhalb der nächsten zehn Sekunden etwas unternähme, würde er fallen. Seine Arme und vor allem seine Finger machten das nicht mehr mit. Wie lange hing er bereits hier? Sein Blick richtete sich erneut auf den Felsvorsprung. Sooo weit konnte es gar nicht sein. Oder doch? Auch wenn, – der Typ würde ihn fangen! Er musste.

Noch einen Blick zum Felsvorsprung. Und dann der Sprung. Plötzlich, ohne weitere Überlegungen. Einfach so aus der Not heraus. Er wäre so oder so innerhalb Sekunden gefallen, da spielte es keine Rolle mehr.

Er flog. Dann kam der Felsvorsprung auf ihn zu, näher als er vermutet hatte. Er griff zu und stemmte sofort die Beine in die Wand. Und blieb stehen. Er lachte, das hätte er nicht erwartet. Das hatte sich sogar gut angefühlt. Er sollte Kletterer werden, auf professioneller Ebene versteht sich. Erneut schaute er nach unten und nun war er sich sicher, dass die Jungen jubelten. Dafür brauchte man keine Worte zu verstehen.

Er sollte den Express in die Wand hängen und sein Seil einfädeln. Sonst würde er fallen, und zwar weit. Als er das Seil mit zittrigen Armen befestigt hatte, schaute er wieder nach oben. Das Top war nicht mehr weit und hatte gute Griffe. Im Vergleich zu dieser einen Stelle war es ein Klacks, obwohl seine Arme am Sterben waren. Er hätte nicht so lange warten sollen. Trotzdem war er wenig später oben angekommen und sass glücklich ins Seil. Er hatte es geschafft!

Langsam liess ihn der Typ, dessen Name ihm immer noch nicht in den Sinn kam, nach unten und Liam genoss das Panorama.

\*\*\*

Die Aussicht war atemberaubend. Das musste er zugeben. War auch ein Leichtes gewesen, den Gipfel zu erreichen. Er fragte sich, wieso ihn alles schmerzte. Ach ja, vielleicht lag es daran, dass er heute Morgen um vier

Uhr geweckt worden war. Um vier Uhr! Das musste man sich mal vorstellen.

Aber die frühe Uhrzeit war, ob man es glaubte oder nicht, nicht mal der Grund für sein Leiden und bei weitem nicht das Schlimmste an dem Ganzen gewesen. Denn zu seinem Leidwesen hatte es dann nicht irgendein chilliges Morgenprogramm gegeben. Nein, nein, sie waren zum Wandern geweckt worden!

Das wäre ja auch noch voll okay gewesen, das Problem war nur gewesen, dass sich diese Wanderung als Hochtour entpuppt hatte. Das war nicht mehr so entspannt gewesen.

Zuerst hatte er gedacht, es wäre easy, im Stockdunkeln anderthalb Stunden einen Berg besteigen. Konnte man machen. Aber als es dann nach einer weiteren Stunde Wandern in der Dämmerung geheissen hatte, dass sie auf die Steigeisen umsteigen würden, hatte er gedacht, er hätte sich verhört. Das hatte er nicht und so hatte er sich kurz darauf in einer Seilschaft auf einem Gletscher befunden. Passierte.

Nach weiteren anderthalb Stunden hatten sie die Steigeisen abgezogen und er hatte wieder Hoffnung geschöpft, dass es das war. Aber da hatte er sich arg getäuscht, denn dann hatte erst der Klettersteig angefangen. Als ob er gestern nicht genug geklettert wäre!

Nach diesen zwei Stunden war er am Ende gewesen, zum Glück hatte er dann NUR noch weitere anderthalb Stunden in der prallen Sonne den Gipfel besteigen müssen. Hölle. Mittagszeit und er hatte schon eine halbe Weltreise hinter sich. Er war oben. Beim Gipfelkreuz. Yippie! Er freute sich so richtig auf den Rückweg.

„Erschöpft?", fragte Luca grinsend. Der konnte gut lachen mit seiner Kondition. Für ihn war die ganze

Tortur ein Klacks. „Nein, überhaupt nicht", antwortete er immer noch ausser Atem.

„Wie geht's unserem Unfall?", fragte da plötzlich eine Stimme von hinten und Gelächter ertönte. Simon, dieser Trottel. „Hervorragend und dir?", erwiderte Nevio. „Mässig, bei der Gletscherwanderung hatte ich durchgehend das Walrossschnaufen eines Rothaarigen in der Seilschaft vor mir im Ohr, aber danke der Nachfrage", meinte dieser und erntete erneutes Gekicher. Schwer zu sagen, wen er meinte, ach ja, er war ja der einzige Rothaarige hier.

Nevio verdrehte die Augen und überlegte sich eine schlagfertige Antwort, als Tim laut fragte: „War das der Grund, wieso es dich beim Überhüpfen der Gletscherspalte auf die Fresse gehauen hat?"

Simon drehte sich zu ihm um und antwortete: „Ja, das war es." – „Merkwürdig, ich war mir fast sicher, dass du dich im Seil verheddert hast", entgegnete Tim und brachte damit alle zum Lachen. „Das hast du bestimmt nicht richtig gesehen", vermeldete Simon. „Das kann gut sein, da ich dich wegen deiner Grösse beinahe übersehen hätte und um ein Haar auf dich drauf gesprungen wäre", feixte Tim und beendete somit das Gespräch, weil Simon nichts mehr zu erwidern wusste.

Tim war der Einzige, der so etwas sagen konnte, sonst äusserte sich niemand gegen Simon. Ausserdem war Simon gar nicht klein, jedenfalls grösser als Nevio und manche andere, aber da Tim ein Riese war, sah er das wahrscheinlich anders. Wie musste Nevio erst für ihn aussehen?

„Packt eure Sachen zusammen, wir gehen weiter", ertönte Louis' Stimme. Nevio hatte vollkommen vergessen, dass sie sich noch immer auf dem Gipfel befanden. Als er an den Rückweg dachte, begann er beinahe zu heulen.

„Alles okay?", fragte ihn Luca. Er nickte und sattelte seinen Rucksack. „Hör einfach nicht auf ihn", meinte Luca und schritt voran. Er hatte am ersten Tag schon zu ihm gehalten, als ihn alle nur Unfall nannten. Das taten viele jetzt noch, aber es besserte sich allmählich.

Im Gegensatz zu seinen Fussschmerzen, die sich verschlimmerten. Er konnte diese Folter doch nicht nochmals durchmachen. Zum Glück übernachteten sie in Zelten und traten somit nicht heute den ganzen Rückweg an. Ausserdem war es gemütlicher, wenn es talwärts ging.

\*\*\*

Er preschte den Berg hinunter, als ob es kein Morgen gäbe. Wind blies ihm entgegen, als ob er fliegen würde. Was er manchmal auch tat. Da kam eine Schanze! Er flog. Dann rumpelte es wieder. Er wurde erneut komplett durchgeschüttelt. Langsam fühlte er sich wie Rührei. Zumindest nahm er an, dass sich Rühreier so fühlen würden. Vielleicht war er auch eine verirrte Banane im Smoothie-Maker oder wenn er gerade bei den Vergleichen war, ein geschüttelter Martini, so ganz nach Bonds Geschmack.

Wurzeln, nichts als Wurzeln, Stock und Stein. Geil. Er liebte den Nervenkitzel. Er sollte einen Zahn zulegen. Doch er hatte ein Hindernis im Weg. 1.80 gross, blaues Shirt, rötlich braune Haare. Noah, dieser Spinner. Er war zwar schnell, aber nicht schnell genug für ihn. Konnte er Noah auf dem schmalen Trail überholen oder würde das an einen Selbstmordversuch grenzen?

Eine Verzweigung! In einem Ruck riss er den Lenker seines Mountainbikes herum und legte schlenkernd eine steile Rechtskurve ein. Dieses Manöver hätte ihm beinahe den Kopf gekostet, aber dafür konnte er auf der rechten Spur mit Noah aufschliessen. Dieser warf ihm einen verdutzten Seitenblick zu und fuhr schneller. Beschleunigte der etwa? Liam schloss wieder auf, aber Noah steigerte erneut das Tempo. Er sah, was er da veranlasste. Forderte er einen Wettstreit? Den konnte er haben! Challenge accepted.

Liam gab sich alle Mühe mitzuhalten und hatte ihn bald überholt. Was war das? In seinem rechten Blickwinkel tat sich was. Eine dritte Spur. Von Silvan in Beschlag genommen, der aufschloss. Er sah zu ihnen hinüber und grinste. Das konnte ja wohl nicht wahr sein!

Eine Schanze. Liam flog durch die Luft und landete höchst unsanft, das würde er morgen spüren. Nächstes Mal musste er bereit sein. Er schaute zu Silvan, der fies lächelte und selbst über eine Schanze sprang. Seine Landung sah um einiges schonender aus. Na warte! Eine weitere Schanze kam auf ihn zu, er würde es ihm zeigen!

Aufgebraust flog er durch die Luft, knickte während des Fluges sein Rad zur Seite und landete dieses Mal sanfter. Gott sei Dank. Triumphierend blickte er zu seinen Mitstreitenden. Noah war an der Reihe, er segelte hoch und knickte sein Bike überraschend gekonnt zur Seite.

Sie bretterten weiter. Immer schneller. In einem Karacho den Berg hinab. Die anderen hatten sie bei diesem Affentempo längst abgehängt. Aber ihr Wettstreit zog sich bei mörderischer Geschwindigkeit fort.

Er wollte gar nicht wissen, in wie viele Einzelteile sie bei einem Sturz zerlegt werden würden. Darüber brauchte er nicht nachzudenken. Momentan ging es allein ums Rasen. Adrenalinkick pur. Er liebte es. Das Tempo nahm konstant zu.

*Ende.* Ende? Er war doch gerade erst in Fahrt gekommen. Wie lange jagten sie schon den Berg hinab? Es fühlte sich an wie Sekunden, aber vermutlich war es länger.

*Bitte bremsen.* Er sah zu seinen beiden Mitstreitenden links und rechts. Sie preschten weiter. Hatten sie das Schild nicht gesehen? Sollte er mitziehen? Nicht, dass die dachten, er hätte aufgegeben. War das kriminell? Vielleicht gar schon sein zweiter Selbstmordversuch innert Minuten?

Eine Absperrung raste auf ihn zu. Also natürlich raste er auf sie zu, Holzbretter bewegten sich für gewöhnlich nicht. Was sollte er anstellen? Er warf erneut Seitenblicke und stellte mit aufgerissenen Augen fest, dass seine Gesellschaft zurückgeblieben war. Shit. Das kam jetzt unerwartet. Hatte er gewonnen? Würden sie ihm einen Pokal ins Spital bringen oder besser gleich ans Grab?

Er sollte schleunigst etwas unternehmen, aber was nur? Ein kleiner Teil, der irgendwo in seinem Gehirn versteckt sein musste, was er zumindest annahm, da er ihm äusserst selten begegnete, machte sich lautstark bemerkbar. Er wusste, dass es der Teil war, der sich Vernunft nannte. „BREMSEN!", schrie dieser aus Leibeskräften. Ausgezeichnete Idee.

Leider brauchte die Übermittlung der Information vom Gehirn an seine Hände etwas länger. Aber nach einigen Schockmillisekunden klammerten sie sich um die Bremshebel. So abrupt, dass es ihn beinahe überschlug und er um ein Haar in die Holzbretter gedonnert wäre.

Schwein gehabt. Zum Glück besass er diesen kleinen Teil im Hirn, der auf unerklärliche Weise erneut verschwunden war. Egal, was sollte es. Wer brauchte den schon?

„Wolltest du dich umbringen?", fragte Silvan, der wie Noah gemächlich auf ihn zukam. „Todessehnsucht?", erkundigte sich Noah interessiert. „So in etwa, aber dann habe ich es mir im letzten Moment anders überlegt. Ich dachte, dass ein Abgang durchs Fenster vor den basalen Kompetenzen in Mathe etwas Spektakulärer wäre." – „Aus welchem Stock?", wollte Noah wissen. „Mindestens der dritte", antwortete Liam. „Jep, dann muss ich dir recht geben. Gute Entscheidung", bestätigte er sein Vorhaben.

Da raste, wie vom Blitz getroffen, der Riese Jonas auf sie zu, der offensichtlich vergessen hatte, zu bremsen. Unverständlich, wie konnte man so etwas verschwitzen? Durch ein Bremsmanöver in buchstäblich letzter Sekunde gelang es ihm, der Holzwand auszuweichen, und stoppte dadurch Gian, der ihm hinterher bretterte. „Herzlichen Glückwunsch, du bist der Dritte, der den Brettern knapp entkommen ist", richtete sich Noah an ihn.

Gian wollte etwas erwidern, als Dario, dicht gefolgt von Finn und Colin, auf sie zugeschossen kam. Dario legte eine elegante Bremsung hin, während Finn so überrumpelt anhielt, dass er vom Bike kippte und Colin sein Rad überhaupt nicht im Griff zu haben schien. Er bremste verzweifelt kurz vor dem Zusammenprall mit der Holzwand und plumpste wegen des Restschwungs mit panischem Gesichtsausdruck über die Bretterwand.

„Diese Holzwand ist echt der Endgegner", meinte Liam, worauf alle lachten. „Mountainbiken ist der Endgegner", keuchte Colin, dem von Dario aufgeholfen

wurde und der sich glücklicherweise nicht ernsthaft verletzt zu haben schien. „Die Endgegner sind viel eher die
Bremsen", erwiderte Dario. „Oder der Berg", überlegte
Gian. „Viel eher unser kleiner Wettstreit", meldete sich
Silvan. „Jep, definitiv der Wettstreit", bestätigte Noah,
„das war der grösste Endgegner aller Zeiten." – „Die
ganze Wanderung gestern war ein riesiger Endgegner.
Gletscher, Klettersteig, Berggipfel und dann das Mountainbiken heute. Befinden wir uns eigentlich in einem
Sportcamp?", schaltete sich Aaron ins Gespräch ein. Er
war wie der Rest der Gruppe keuchend zu ihnen gestos-
sen. Erfreulicherweise ohne Bekanntschaft mit der Holzwand zu machen. Nassgeschwitzt zog er eine Flasche
hervor und kippte sich den Inhalt über den Kopf.

***

Wasser spritzte ihm ins Gesicht, als eine Welle sich am
Bug brach. Wie das Wasser über all diese Leute zu ihm
gelangte, war Nevio ein Rätsel. Immerhin sass er allein in
der letzten Reihe, vor ihm zehn andere Jungs. Der Opfer-
platz. Aber er war ja auch der Unfall, es passte also.

Zuvorderst sassen Tim, Simon, Luca und Leandro.
Hoch angesehene, grandiose, unglaublich tolle Leute.
Dort hatte es für Nevio keinen Platz. Luca hatte zu ihm
nach hinten kommen wollen, aber die anderen hatten ihn
davon abgehalten und beteuert, dass sie vorne jemanden
Starkes gebrauchen konnten. Luca hatte ihn gefragt, ob
das okay sei. Nevio hatte es ihm nicht ausreden wollen.

Er war froh darüber, dass Luca zu ihm hielt, aber er
wollte auch nicht, dass er sich deswegen unbeliebt
machte. Denn Nevio war eindeutig ein Aussenseiter,
wahrscheinlich wegen seines endpeinlichen Auftritts am

ersten Tag. Das war zwar vor vier Tagen, aber er wurde immer noch von niemandem ernst genommen. Das bereitete ihm Bedenken, er musste die Jungs irgendwie dazu bringen, dass sie ihn mochten. Sonst würde er in den verbleibenden Wochen vor Frust und Trauer verzweifeln.

Um sich von seinen deprimierenden Gedanken abzulenken, versuchte er, dem Gespräch zu folgen. Allerdings bekam er davon nicht viel mit, da das Wasser um sie herum tobte. Aufregend war ihr Gelaber ohnehin nicht. Das, was er hörte, drehte sich dauernd um irgendwelche Sportmannschaften, die Nevio nicht mal kannte. Irgendwann genügte es ihm und er fragte: „Wollt ihr nicht mal das Thema wechseln? Da schläft man ja ein."

Er sah, dass einige von seinem Vorschlag angetan waren, aber Simon drehte sich zu ihm um und befahl herablassend: „Ruhe auf den billigen Plätzen!" Nevio musterte ihn und erwiderte: „Bist du eigentlich Vollzeit-Scheusal oder treffe ich dich immer im falschen Moment?"

Manche lachten, während Simon knurrte: „Das kommt auf die Leute an." Schon klar. „Ach, wirklich?", entgegnete Nevio überrascht, „womit habe ich denn die Ehre deiner guten Laune verdient?" Simon schien sich eine Antwort zu überlegen, aber Nevio kam ihm zuvor: „Weisst du was? Du brauchst nicht zu antworten. Es interessiert mich einen Scheiss." – „Schön für dich", antwortete Simon wie ein Kindergärtner. „Sehr schön sogar", erwiderte er.

„Ach, übrigens", ergänzte Nevio nach einem kurzen gegenseitigen Starren, „soll ich dich vom Niveau grüssen, ihr seht euch ja nicht so oft." Alle lachten. Sogar Simon, der es krampfhaft versuchte zu unterdrücken und sich wieder umdrehte.

Es blieb einige Zeit still, in der Nevio aufs Wasser starrte. Er hatte ein paar Pluspunkte gemacht, da war er sich sicher. Wenn er so weiter machte, würden sie ihn vielleicht doch noch in ihren Reihen aufnehmen.

Die Paddel brachen die ruhende Oberfläche und bildeten kleine Wellen, die sich immer weiter ausdehnten. Er war zuvor nie Kanu gefahren, vor allem nicht in so einem grossen Ding, normale Kanus waren ja deutlich mickriger, aber es gefiel ihm. Es hatte etwas Beruhigendes an sich und das konnte er gut gebrauchen.

Dann richtete sich sein Blick plötzlich auf ein anderes Riesending, in dem ebenfalls elf Leute sassen. Jungs im etwa selben Alter wie sie. Er starrte, wie die anderen in seinem Boot, auf die Fremden. Diese fuhren viel zu schnell, obwohl jeder Depp sehen konnte, dass vor ihnen ein Holzstamm durch den Fluss schwamm.

Als die das bemerkten, war es bereits zu spät und sie crashten zusammen. Nun hatten sie ein kleines Problem. Ein kleines Problem im Sinne von sie fuhren rückwärts und hatten ein Paddel verloren. Diese Jungs waren nicht gerade die hellsten Kerzen auf der Torte. Wie amüsant.

Sie ruderten wie die letzten Blödmänner, beim Versuch, das Kanu erneut zu wenden. Eine extra Einheit Krafttraining und das alles nur wegen eines Stücks Holz.

„Idioten", murmelte Simon. Zum ersten Mal etwas, worin sie sich einig waren. „Sollen wir helfen?", erkundigte sich Nils, was Nevio eine lächerliche Idee fand. Wie denn? „Was?", fragte Luca, der ihn nicht gehört hatte. „Unser Held hier will wissen, ob wir helfen sollen", wiederholte Tim lachend. „Die sind doch selbst schuld", meinte Andrin ebenfalls belustigt.

„Ja, diesen Holzstamm hätten sie telepathisch weg-schaffen sollen", fand Simon sarkastisch, „ist jetzt halt wirklich blöd gelaufen. Aber es ist so, wie's ist" – „So ein Stück Holz ist eben schon ein Game-Changer", gab ihm Nevio recht und dieses Mal konnte er sich das Lachen nicht verkneifen. Simon grinste ihn durch die lachende Gruppe sogar an und meinte: „Ja, das ist definitiv ein Game-Changer."

# Kapitel 2

„Renn! Sie haben uns gesehen!" Liam sprintete los. „Kommt schon!", rief er über den Rücken und jagte in den Wald hinein. Es wurde direkt dunkler und kühler. Äste peitschten ihm entgegen und zerkratzen seine Arme. Aber das war ihm im Moment egal.

Sie mussten sich verstecken. Wo blieben sie denn? Suchend sah er sich um. Endlich kamen sie durch die Gebüsche gerauscht. Sie waren beide zerkratzt, aber rannten, wie er, weiter in den Wald hinein. Nach einiger Zeit verharrte Liam, Gian und Noah folgten seinem Beispiel.

„Ich glaube, wir haben sie abgehängt", flüstere er und sie nickten. „Lasst uns dort im Gebüsch verstecken", schlug Gian vor und wies auf ein strauchartiges Gewebe. Sie schlichen darauf zu und sahen, dass neben ihnen eine Felswand fünfzehn Meter in den Abgrund führte, – mitten im Wald!

„Wir müssen unseren Standort durchgeben", bemerkte Noah und nahm das Funkgerät hervor. „Willst du?" Liam nickte und ergriff das Gerät. „Feld C8", funkte er klar und deutlich.

Dann war es wieder still und man hörte nur das Rauschen der Blätter, die sich im Wind bewegten. Sowie sein pochender Herzschlag und das nervöse Atmen der drei. In der Ferne vernahm er sogar Vogelgezwitscher und aus dem Nichts das Knacken eines Astes.

„Was war das?", fragte er erschrocken. „Hört sich nahe an", bemerkte Gian, „aber ich glaube, es kommt von unten." Die drei blickten den Abgrund hinab, wo der Wald auf der unterliegenden Talsohle weiter ging. „Seht ihr was?", erkundigte sich Noah. „Psst", zischte Liam. „Was denn?", fauchte Noah beleidigt zurück. „Ich glaube, ich höre was", flüsterte er und legte sich flach auf den Boden.

Tatsächlich. Da waren Stimmen. Er konnte sie nicht verstehen, aber sie kamen definitiv näher. Wieso waren sie auf dem unterliegenden Talgrund? Sind sie vom Weg abgekommen?

„Das sind nicht unsere Leute", murmelte Gian. Liam und Noah sahen ihn irritiert an. „Wie meinst du das?" – „Sie gehören nicht zu unserer Gruppe, hört mal genauer hin." Das tat er. Es klang etwas komisch. Er konnte die Stimmen niemandem zuordnen.

„Wer ist es dann?", fragte er, bekam aber keine Antwort, da sie sich rasant näherten. Ein schwarzhaariger Junge kam dicht gefolgt von einem Rothaarigen und einem Blondschopf auf die Felswand unter ihnen angerannt.

Der Rothaarige stützte sich keuchend auf seinen Knien ab und wischte sich Schweiss aus der Stirn. „Gruppe Fänger an Gruppe Mister X: Könnt ihr euren Standort wieder mal durchgeben? Over", dröhnte es da plötzlich laut mit knisternder Stimme. Liam zuckte zusammen und dachte, dass ihr Versteck nun entdeckt war.

Aber die drei Jungs waren überhaupt nicht überrascht. Im Gegenteil, sie wirkten fast so, als ob sie das erwartet hätten. Was ging hier vor sich? Wieso fummelte der Schwarzhaarige an seinem Gurt herum?

Kaum zu glauben. Er zog ein Funkgerät hervor und sagte seelenruhig: „Feld C8." Spielten diese Idioten etwa das gleiche Spiel wie sie? Mussten sie ihnen alles nachmachen? Das konnten ja nur die sein, die sie heute Nachmittag beim River Rafting und gestern Morgen beim Kanufahren schon gesehen hatten. Unverschämt.

Sie waren aber nicht nur Nachmacher, Angsthasen waren sie auch noch. Denn sobald der Sportliche das Funkgerät wieder im Gurt verschwinden liess, rannten die drei los, in das nächste Feld hinein. „Kleine Pisser", murmelte Noah und Liam konnte ihm nur recht geben.

Da knisterte es erneut und dieses Mal kam die Stimme aus ihrem Gerät. „Das Spiel ist abgebrochen, kommt zurück. Over." Das war Silvans Stimme. „Wieso ist das Spiel abgebrochen?", fragte Noah verwundert. „Keine Ahnung", erwiderte Liam ebenfalls überrascht. Das kam unerwartet.

Zügig schlugen sie sich durch das Gestrüpp zurück und auf das offene Gelände. Dort sahen sie schon von weitem eine Versammlung in der Nähe ihrer Hütte. Sie joggten darauf zu und bemerkten, dass die Jungs einen Kreis um jemanden gebildet hatten. Als sie näher kamen, erkannte Liam, dass es Dario war, der mit schmerzverzerrtem Gesichtsausdruck auf dem Boden lag und seinen linken Knöchel umklammerte.

„Was ist passiert?", fragte Liam beim Heranlaufen und die Jungs stoben sofort auseinander und gaben den Blick frei. „Er ist im Wald über eine Wurzel gestolpert", erklärte Colin, den Tränen nahe. „Wahrscheinlich gebrochen", ergänzte Silvan. „Muss definitiv operiert werden", bestätigte Aaron. „Scheisse", formulierte Gian treffend Liams Gedanken.

„Und jetzt?", fragte Noah, worauf eine Reihe aus Schulterzucken folgte. „Freue ich mich auf fades Essen, einen Gips, auf dem ihr hoffentlich alle unterschreiben werdet, und auf hübsche Krankenschwestern", meldete sich Dario vom Boden.

Sie lachten und Liam bemerkte grinsend: „Und das alles nur wegen einer Pflanze und ihrem Nährstofflieferanten." – „Deprimierend", fügte Noah trocken hinzu.

„Es gibt Verletzte, habe ich gehört?", fragte da plötzlich eine Stimme von hinten. Sie drehten sich alle um und sahen einen Mann mit gräulich mischblonden Haaren, welcher mit Jan herbeigelaufen kam. Liam hatte ihn noch nie gesehen, aber nahm an, dass es sich bei ihm um eine Art Boss handelte. Der Lagerdirektor? Oder ein Arzt.

Dieser schaute auf Dario hinunter und bemerkte: „Das sieht nicht gut aus." Definitiv der Lagerdirektor. Einen Arzt hätte er nicht rufen müssen, um gesagt zu bekommen, dass das *nicht gut aussah*. „Nein, wirklich?", fragte Gian gespielt überrascht, worauf einige verhalten kicherten.

Der Mann verzog keine Miene und verkündete: „Ich befürchte, dass du das Lager verlassen musst. Nach der Operation wirst du den Fuss einige Wochen schonen müssen und das wird im Lager nicht möglich sein."

„Kann ich den Fuss nicht hier schonen?", erkundigte sich Dario zuversichtlich. „Nein. Das ist unvernünftig", beharrte der Unbekannte. „Ich bin unvernünftig", versuchte es Dario erneut. „Die Entscheidung steht, tut mir leid."

„Dann gehe ich auch", murmelte Colin. „Was?", fragte Liam und war dabei nicht der Einzige, der ihn dumm anschaute. „Dann gehe ich auch", wiederholte

Colin etwas lauter. „Bist du dir sicher?", wollte Jonas zweifelnd wissen.

„Ja", erwiderte dieser unmissverständlich, „ohne Dario bleibe ich nicht im Lager."

\*\*\*

Die Stille war erdrückend. Er hörte einzig sein gleichmässiges Atmen. Obwohl auch das durch den Druck auf seinen Ohren nur dumpf zu ihm durch drang. Es hatte etwas Meditatives an sich.

Was durch das endlose klare Blau vor ihm ergänzt wurde, das lediglich von ein paar Luftblasen unterbrochen wurde, die vor ihm Richtung Oberfläche stiegen. Wahnsinn. So ein Gefühl hatte er noch nie erlebt.

Er drehte sich zu den anderen und folgte Sven, der sie auf diesem Tauchgang führte. Er schwebte ihm hintennach und genoss jede Sekunde. Es war etwas Spezielles, so schwerelos in erfrischendem Nass zu sein.

Ein knallig oranger Fisch schwamm direkt vor seinem Gesicht hindurch und entlockte ihm ein Lächeln. Das erinnerte ihn an sein Atmungsgerät und er versuchte seine Mimik wieder in den Griff zu bekommen.

Was schwer war, denn sie tauchten tiefer und er staunte nicht schlecht über die Klarheit des türkisfarbenen Wassers. Es war eine andere Welt. Hunderte kleine Fische schwammen umher und tauchten ihn in einen Strudel aus Farben. So etwas Schönes hatte er nie zuvor gesehen. Er könnte ewig hier unten bleiben, den Wassertierchen zuschauen und den Seeboden betrachten.

Leider liess das die Flasche auf seinem Rücken nicht zu. Noch presste sie Luft in seine Lunge, aber das würde nicht immer so sein. Ausserdem fühlte es sich mit der

Zeit komisch an. Sein Hals war merkwürdig trocken und etwas kratzig. War das normal? Nevio schaute zu den anderen, die schienen von dem Anblick ebenso überwältigt zu sein wie er.

Dann sah er urplötzlich etwas in der Ferne. Nur verschwommen, aber je länger er hinschaute, desto sicherer wurde er. Das waren andere Leute und nicht nur einzelne. Es war eine ganze Gruppe!

Das konnte nicht ihr Ernst sein. Verfolgten sie sie jetzt schon unter Wasser? Konnten sie sich nicht ihre eigenen Aktivitäten ausdenken? Nevio stupste Luca an, der neben ihm schwebte und deutete in Richtung der Gruppe. Er folgte seinem Blick, wie ein paar andere, die seinen ausgestreckten Zeigefinger bemerkt hatten, und sah dann entgeistert zu ihm zurück. In seinen Augen spiegelte sich das Ungläubige. Dass diese Blödmänner sie bis hierher verfolgt hatten!

Nevio wandte sich entschieden ab und widmete sich wieder dem Seeboden, er würde sich diesen bombastischen Augenblick nicht von den anderen verderben lassen. Eine weise Entscheidung. Denn in diesem Moment schwamm eine riesige Bachforelle gemächlich vor ihm hindurch, was ihn die fremde Gruppe direkt vergessen liess. Er genoss den Anblick in vollen Zügen, bis Sven ihnen gestikulierte, ihm zu folgen.

Der Ausflug war vorbei. Nevio schaute ein letztes Mal auf die hunderten, phänomenalen Fische zurück und folgte dann der Gruppe. Sie schwammen gemütlich in Richtung Oberfläche. Es wurde heller und wärmer, bis er mit dem Kopf durch die Wasserdecke stiess und sich das Atmungsgerät aus dem Mund zog.

Er nahm einen tiefen Atemzug und genoss die ungepresste Luft. So schön es unter Wasser war, daran konnte er sich nicht gewöhnen. Gegen Ende bekam er durch seinen kratzigen Hals fast keine Luft mehr.

„Habt ihr sie gesehen?", erkundigte sich Andrin aufgeregt. „Ja", bemerkte Nevio und alle Köpfe drehten sich zu ihm. „Diese Dummköpfe, können sie nicht ihr eigenes Programm machen?" Alle stimmten ihm sofort zu, was ihn ein wenig überraschte. Seit der Kanufahrt verbesserte sich sein Status zu seiner Freude allmählich. Sie nahmen ihn endlich ernst und er schien nun Teil der Gruppe zu sein. „Richtige Loser", meinte Luca und Nevio bestätigte ihn: „Sowas von, aber es können halt nicht alle so fantastisch wie wir sein."

***

„Diese Hitze ist mein Endgegner", keuchte Gian verschwitzt. „Same, ich tropfe jetzt dann aus", erwiderte Liam, „bald verdampfe ich und hinterlasse eine Pfütze an meinem Platz." – „Das wäre wirklich blöd, dann könnte niemand mehr Gians Bälle retten", grinste Noah. „He, was soll das jetzt bedeuten?", wollte Gian empört wissen. „Dass das Spiel dann vorbei wäre", feixte Aaron und schleuderte den Ball übers Netz.

„Keine Ahnung was du meinst", erwiderte Gian und schaute zu Liam, „weisst du, wovon die sprechen?" Liam war damit beschäftigt, über den Platz zu sprinten und den Ball übers Netz zu feuern, der auf Gians Seite gelandet war. „Keinen blassen Schimmer", keuchte er und spielte den Tennisball, der erneut in Gians Fläche aufgetroffen war, übers Netz und rannte gleich wieder auf seine Seite, um dort den Ball erneut entgegen zu nehmen.

„Das sieht einfach zu witzig aus", meinte Noah und versenkte den Ball vor Lachen im Netz. „Sprintet wie ein Irrer im Feld herum", bestätigte Aaron und hielt sich bebend den Bauch. „Zu gern würde ich es aufnehmen." – „Zu gern würde ich dir meinen Tennisschläger an den Kopf schleudern", erwiderte Gian, konnte sich das Lachen aber nicht verkneifen. „Der Tennisball, Gians Endgegner", japste Liam.

Sie prusteten alle los und gingen vor Gelächter in die Knie. Erholen konnten sie sich nicht mehr, immer wenn sie sich ein wenig beruhigt hatten, lachte jemand wieder los. Es nahm kein Ende. Sie kugelten sich buchstäblich vor Lachen.

„Ich glaube, wir brauchen eine Pause", schnaufte Aaron nach einer gefühlten Ewigkeit und kroch, gefolgt von den anderen, in den kühlenden Schatten. Liam wusste nicht mal, wieso sie das so lustig fanden. Es hatte sich irgendwie so entwickelt. Allmählich erholte er sich wieder von seinem Lachflash und trank erst mal ordentlich was.

Er schaute nach drüben zu den anderen Sportplätzen und traute seinen Augen kaum. Das durfte ja wohl nicht wahr sein. Nicht deren Ernst. Das waren diese Einfaltspinsel, die sie schon heute Morgen beim Tauchen gesehen hatten. Langsam ging es zu weit, konnten sie sich nicht selbst beschäftigen?

Liam wusste nicht mal, wieso ihre Anwesenheit ihn so störte. Wahrscheinlich nervte es ihn einfach, dass noch eine andere Gruppe in der Gegend war. Denn das war ihre Gegend. Die Hütte war für ihn, wie absurd es sich anhören mochte, bereits nach dieser Woche wie eine Art zuhause geworden. Ausserdem liebte er seine neugewonnenen Freunde und hatte die Zeit seines Lebens. Er wollte nicht, dass das zerstört wurde. Es ging eine Art Bedrohung von den Fremden aus, die man in Schach halten musste. Das wusste er. Er blickte wütend in ihre Richtung.

„Schaut mal, wer sich dort drüben eingefunden hat", murmelte Liam und deutete zum anderen Sportplatz. „Blödmänner, müssen die uns überall hin folgen?", gab Gian seine Meinung kund. „Was machen die eigentlich da?", fragte Noah in die Runde. „Sollte das Tennis darstellen?"

„Gute Frage", bemerkte Liam und sah interessiert zu, „die sollten sich nicht auf einem Sportplatz befinden, das ist ja schon peinlich beim Zuschauen." Er wusste nicht, was die machten. Der Ball landete häufiger im Netz oder im Out als im Feld und ausserdem standen die Typen total steif auf dem Platz und bewegten sich kaum.

„Wir müssten mal gegen die spielen, sie hätten keine Chance", teilte Liam sein eben entsprungener Gedanken mit. So würden sie die Bedrohung bekämpfen. „Das wäre witzig, wir würden sie Hops nehmen", grinste Noah.

\*\*\*

Er bekam eine Krise. Diese Deppen, es war zum Kotzen. Mussten die überall auftauchen, wo sie waren? Immer irgendwo in der Nähe am Herumlungern. Sie sollten sich ihnen mal stellen. Er würde gerne gegen diese Trottel antreten. Wäre das möglich?

„Nevio, du hast", unterbrach Simon seine Gedanken. „Was?", fragte er verwirrt. „Anspiel", meinte Simon und warf ihm den Ball zu. „Ach so", murmelte Nevio und starrte auf den Ball in seinen Händen. Er war überhaupt nicht bei der Sache.

„Wird's bald?", fragte Simon ungeduldig. Nevio schaute auf und sah in die Gesichter seiner Kollegen. „Was wäre, wenn ..." – „... wir den Ball übers Netz spielen und endlich mit dem Rundlauf weitermachen?", fiel ihm Simon ins Wort. „Das wäre grossartig!"

Vor ein paar Tagen hätte Nevio das genervt, aber mittlerweile verstanden sie sich. Mittlerweile verstand er sich mit allen und war definitiv kein Aussenseiter mehr. „Na gut", murmelte Nevio, spielte den Pingpongball übers Kreuz und stellte sich in die Kolone auf der anderen Seite. „Was wäre, wenn was?", fragte Luca neugierig, während er den Ball über den Tisch schlug und weiterging.

„Was wäre, wenn wir Sven oder Louis fragen, ob sie mit den Jungs der anderen Gruppe Kontakt aufnehmen können und ihnen ausrichten, dass wir uns mit ihnen messen wollen?", teilte Nevio seine Überlegung mit. „Messen worin?", fragte Nils. „Keine Ahnung, spielt nicht so 'ne Rolle", meinte Nevio. „Wir nehmen sie so oder so auseinander", bestätigte ihn Luca, „man muss nur mal schauen, wie sie heute Tennis gespielt haben." – „Lächerlich war das", meinte Simon und spielte den Ball übers Netz.

„Wenn wir das fragen und die ja sagen, bräuchten wir dann nicht rein theoretisch einen Gruppennamen?", fragte Leandro in die Runde. Alle schauten Nevio an und warteten auf seine Antwort. Sprach er nun für die ganze Gruppe? „Hypothetisch gesehen schon, ja", erwiderte er nach einiger Bedenkzeit, „die Frage ist nur, welcher?" – „Keinen Plan", trug Simon hilfreich zum Gespräch bei.

„Wollen wir nicht zuerst mal fragen, ob das überhaupt möglich ist?", meinte Andrin. „Fair", äusserte sich

Tim, „wer fragt?" Die Blicke richteten sich wieder auf Nevio.

Es war eine neue Wendung, denn alle schienen nun auf ihn zu hören. Bevor etwas bestimmt wurde, holte man sich seine Meinung ein. Das ehrte ihn und er fühlte sich nicht mehr überflüssig und übersehen.

„Ich werde das übernehmen, wartet schnell", teilte Nevio mit und lief fröhlich aus dem Raum. Er konnte sich nützlich machen. Hoffentlich waren Sven oder Louis in der Nähe.

Er hatte Glück und begegnete Louis vor der Hütte. „Wir haben da mal so 'ne Frage", berichtete er. „Und die wäre?", erkundigte sich Louis. „Es ist ja so, dass wir jetzt schon mehrmals diese andere Gruppe gesehen haben ..." Er legte eine kleine Kunstpause ein. „Ja?", fragte Louis nach. „Wäre es vielleicht möglich, dass ihr euch mit denen in Verbindung setzt und ihnen ausrichtet, dass wir uns mit ihnen messen wollen?", bat Nevio gestellt freundlich.

Louis sah ihn einen Moment an, sagte jedoch nichts. „Das wäre doch total gut für unser Gemeinschaftsgefühl, wir würden dann mit dieser Herausforderung über uns hinauswachsen und natürlich neue Leute kennenlernen und Sport ist doch ausserdem total wichtig für ..." – „Ist ja schon gut", fiel ihm Louis ins Wort und sparte ihm so die Überlegung, wofür Sport total wichtig war. Des Weiteren gingen Nevio langsam die Gründe aus – was für *Neue Leute kennenlernen*? Er wollte doch keine Bekanntschaft mit diesen Jungen machen, er wollte schlicht gegen sie antreten.

„Ich habe nicht nein gesagt, du brauchst mich nicht zu überzeugen." – „Aber denke doch an grundlegende Kompetenzen, die man so erlernen könnte. Das

Zusammenspiel im Team, Vertrauen gegenüber seinen Mitmenschen, das Herauswachsen über die eigenen Limits ..." – „Ich finde die Idee gut." – „Erweiterung des ... Moment was?", fragte Nevio überrascht. „Mir gefällt dein Vorschlag", wiederholte Louis. „Wirklich?", erkundigte er sich irritiert. Damit hätte er nicht gerechnet.

„Natürlich, warum nicht?", meinte Louis. „Stimmt, warum nicht?", redete Nevio ihm verblüfft nach. „Ich schaue, was ich machen kann. Aber denke nicht, dass das ein grosses Problem darstellt", offenbarte Louis und lief davon.

Nevio stand da und schaute ihm perplex hinterher. „Und?", erkundigte sich Luca, der wie der Rest der Gruppe auf ihn zukam. „Er fragt nach", berichtete Nevio und erntete Beifall. „Dann brauchen wir jetzt offiziell einen Gruppennamen", verkündete Leandro gut gelaunt.

„Und einen Sportcaptain, oder nicht?", erkundigte sich Tim. „Doch stimmt, einen Sportcaptain, der sich Strategien überlegt und sportlich geschickt ist", bestätigte Marco.

„Wieso schaut ihr jetzt alle mich an?", fragte Nevio verwundert. Er war, wie alle sehr gut wussten, alles andere als sportlich begabt. „Du bist unser Anführer", klärte ihn Simon auf, „was sagst du dazu?"

Eine Welle der Freude überkam ihn. Er hatte es sowieso schon vermutet, aber es so direkt aus Simons Mund zu hören, war etwas ganz anderes. Er war offiziell ihr Anführer und konnte den Sportcaptain bestimmen.

„Ich schlage Luca vor", teilte Nevio seine Meinung mit, „er ist unser bester Sportler." Zustimmendes Nicken, nun sahen alle zu Luca. Der wurde rot und murmelte verlegen: „Okay, kann ich machen." Nevio grinste. Sie zwei waren nun also Anführer und Sportcaptain – eine neue Ära hatte begonnen.

„Perfekt, dann fehlt uns nur noch ein Gruppenname", fasste Simon die Lage zusammen. Es wurde still, als sie sich alle in Grübeleien stürzten. Die springende Idee liess auf sich warten. Etliche schweigende Minuten später noch immer kein Vorschlag. Nevio wollte die Angelegenheit gerade auf später verschieben, als ihm etwas in den Sinn kam.

„Könnt ihr euch daran erinnern, wo wir die anderen das erste Mal gesehen haben?", fragte er in die Runde und brach somit die Stille. „Klar, beim Kanufahren", antwortete Leandro sofort. „Erinnert ihr euch auch an das Stück Holz?", erkundigte er sich. „Das Holzstück, weswegen sie rückwärts fuhren und einen Paddel verloren hatten?", meinte Simon. „Ich erinnere mich knapp. Sah totdämlich aus." – „Genau", bestätigte Nevio, „und wie haben wir es genannt?"

„Das Stück Holz?", fragte Nils verwirrt. „Game-Changer!", rief Luca begeistert. „Ach ja!", erwiderte Simon ebenfalls enthusiastisch. „Kann man machen." – „Gute Idee!", meinte Tim. „Wir nehmen sie wie dieses Holzstück auseinander", verkündete Andrin, „sie werden nicht mehr wissen, wo vorne und hinten ist!"

\*\*\*

Er starrte in die tanzenden Flammen. Es hatte etwas Hypnotisierendes an sich. Das Knistern im Hintergrund und immer wieder kleine Fünkchen, die nach oben schossen. Das glühende Holz und der Rauch, der sich in den dunklen Himmel schwang. Dazu kamen die wohlige Wärme und das Gemeinschaftsgefühl.

Es wäre wunderbar, wenn da Liams offenen Fragen nicht wären. Haben die anderen Ja gesagt? Seit sie heute Nachmittag Jan gefragt hatten, ob sie sich mit der fremden Gruppe messen konnten, haben sie nichts mehr gehört. Der Nachmittag hatte sich deshalb extrem öde in die Länge gezogen.

Liam wollte Antworten. Er wollte sich mit den anderen anlegen. Das wäre lustig und mal etwas Neues. Ausserdem könnte er dann seine sportlichen Fähigkeiten unter Beweis stellen, dann würde er sich gebraucht und anerkannt fühlen. Nicht, dass es ihm jetzt schlecht gehen würde, aber manchmal fehlte ihm die Aufmerksamkeit der anderen ein wenig. In einer so grossen Gruppe ging man schnell unter und das, obwohl sie jetzt nur noch neun waren, seit der Heimreise von Dario und Colin gestern Abend. Dieses Ereignis hatte sie schwer getroffen, denn Dario war ein Bindemitglied gewesen, der sie alle zusammengehalten hatte. Nun war ihre Gruppe in lose Stücke gebrochen. Liam hängte die meiste Zeit mit Gian und Noah herum und manchmal noch mit Aaron und Julian, aber mit den anderen hatte er praktisch nichts zu tun. Deshalb würde er gerne mit ihnen als Team gegen eine andere Gruppe antreten.

„Loser", unterbrach Noah plötzlich die Stille, „bestimmt haben die bei unseren Anfrage gleich kalte Füsse bekommen." – „Gut möglich", stimmte Liam ihm geistesabwesend zu. Was die wohl gerade machten? Bestimmt sassen sie ebenfalls am Lagerfeuer, sie ahmten ihnen ja sonst alles nach. Aber woher wussten die eigentlich, was sie vorhatten? „Gute Nachrichten!"

Liam zuckte zusammen und blickte zu Ursin, der eben aufgetaucht war und zu ihnen ans Feuer sass. „Die anderen wollen sich ebenfalls mit euch messen", berichtete er. „Wirklich?", fragte Liam hellwach. „Ja, und wir haben vorher bereits mit ihren Aufsichtspersonen gesprochen und einen Wettbewerb geplant", erzählte Ursin, seine Lieblingsaufsichtsperson, und sah in ihre gespannten Gesichter.

„Es wird so sein, dass sich der Wettbewerb über die ganze Woche erstreckt und verschiedene Disziplinen beinhaltet. Zum einen wären da Disziplinen gemäss Kategorie A wie Fussball, Volleyball, ein Gelände-Game, Capture the Flag und so weiter und Disziplinen der Kategorie B. Dafür werden wir Hütten-Inspektionen machen und schauen, welche Hütte besser aufgeräumt und gereinigt ist, und ihr werdet mal eine Show machen, die wir ebenfalls bewerten. Am Ende der Woche gewinnt die Gruppe mit den meisten Punkten und erhält einen Preis, den wir noch organisieren werden. Aber ich kann euch jetzt schon sagen, dass er bombastisch sein wird. Noch Fragen?", beendete Ursin seinen Monolog.

Sie schauten ihn sprachlos an. Sie hatten einen ganzen Wettbewerb geplant? Da hatten sie aber mächtig was zu tun gehabt. Kein Wunder, dass sich niemand mehr gemeldet hat.

„Gibt es an jedem Tag Hütten-Inspektionen?", wollte Aaron wissen. „Nein, insgesamt wird es drei Inspektionen geben. Hier ist ein Blatt, auf dem ihr die Disziplinen seht." – „Gib mal her", beanspruchte Silvan das Blatt und studierte es. „Zeig", forderte Liam ihn auf und nahm ihm das Blatt ab.

*Tag 1*
   *Morgen: Fussball*
   *Nachmittag: Seilziehen*

*Tag 2*
   *Morgen: Hütten-Inspektion und Stafette*
   *Nachmittag: Volleyball*

*Tag 3*
   *Morgen: Völkerball*
   *Nachmittag: Gelände-Game*

*Tag 4*
   *Morgen: Hütten-Inspektion und Fussball*
   *Nachmittag: Basketball*
   *Abend: Show*

*Tag 5*
   *Morgen: Capture the Flag*
   *Nachmittag: Baseball*

*Tag 6*
   *Morgen: Volleyball*
   *Nachmittag: Bengali-Game*

*Tag 7*
   *Morgen: Hütten-Inspektion und Basketball*
   *Nachmittag: Schatzsuche*

„Drei Hütten-Inspektionen", murmelte Liam, „das ist ja der Endgegner." – „Wir sind ihre Endgegner", meinte Gian, „diese Woche überleben die nicht." – „Genau, die müssen sich warm anziehen", erwiderte Silvan euphorisch. „Bräuchten wir nicht noch einen Gruppennamen oder so?", erkundigte sich Aaron. „Ja, richtig", entgegnete Noah, „wie wäre es mit Wir-machen-euch-platt-Gang?"

Alle lachten und da kam Liam etwas in den Sinn. „Endgegner", vermeldete er und es wurde still. „Geile Idee", meinte Silvan und da wusste er, dass der Vorschlag angenommen wurde. „Ja, krasser Name", bestätigte Gian, „so nennen wir uns."

„Dann brauchen wir vielleicht auch noch einen Sportcaptain, der uns während des Spiels Anweisungen gibt", überlegte Jonas. Alle Blicke richteten sich auf Silvan.

„Wie wäre es mit Liam?", schlug dieser vor und nun sahen alle zu ihm. Krass, das hatte er jetzt nicht erwartet. „Er ist unser bester Sportler."

Das machte ihn beinahe etwas verlegen, aber er erwiderte: „Ja, kann ich machen." – „Super, dann wäre das ja geklärt", meinte Silvan. „Ich frage mich, was das für Preise sind", sprach Jonas den Gedanken aus, den sie wohl alle hatte. Wird es etwas Bombastisches sein? Sie werden ja sehen.

# Kapitel 3

„Kneif mich mal!" Luca setzte es nur zu gerne in die Tat um. „Aua." Dennoch war er sich nicht sicher, ob er vielleicht doch träumte. „Du siehst es auch, oder?", fragte Nevio zur Gewissheit nochmals nach. „Ja", erwiderte dieser mit glasigen Augen. „Sind die echt?", erkundigte sich Simon und erhielt eine positive Antwort von Louis. Himmel.

„Irre", meinte Andrin. „Abgefahren", stimmte ihm Leandro zu. „Wer hat sie gesponsort?", stellte Tim die Frage, die ihnen vermutlich allen im Kopf herumschwirrte. „Das Lager. Immerhin handelt es sich hier um einen sportlichen Wettstreit", erklärte Louis. „Meine Fresse", murmelte Marco, der sonst nie etwas sagte.

„Wir müssen gewinnen", flüsterte Nevio ehrfürchtig und wurde von mehreren Jas bestätigt. „Aber sowas von", bemerkte Simon, „auf keinen Fall lassen wir uns von diesen lahmen Enten den Preis wegschnappen." – „Das können sie vergessen."

Nevio blickte nochmals zu dem glänzenden Pokal und den elf matt schimmernden, brandneuen Smartphones. Absoluter Wahnsinn. Er konnte es nicht glauben. Wie teuer das wohl war? „Wegen des Wettkampfs", brach Sven die Stille des Staunens, die uns umgab, „es ist so, dass die anderen nur neun Teilnehmer sind. Ihr müsst deshalb bei jeder Disziplin zwei Nichtspieler auswählen, damit das Ganze fair bleibt."

Zwei Nichtspieler? Nevio sah in die Runde. „Nils und Fabian", gab Simon unverhohlen von sich. Nevio hätte die gleiche Wahl getroffen, aber etwas weniger direkt. Nils ging ihm auf den Geist und bei Fabian vergass er andauernd, dass der überhaupt existierte, so still wie dieser war. Zustimmendes Gemurmel ertönte. Nevio nickte und beschloss somit die Sache.

Nils und Fabian sagten nichts, sodass Nevio schnell das Thema wechselte, um die unangenehme Stille loszuwerden. „Also", bemerkte er laut, „wir sollten jetzt losgehen." Seine Gruppe folgte ihm nach draussen und gemeinsam marschierten sie zum Sportplatz.

Nevio trug die Fahne, die sie gestern gestaltet hatten. Sie bestand aus einem Stock, an dem sie einen Stofffetzen angeknotet hatten. Darauf stand gross Game-Changer drauf. Sie war ausgesprochen gut gelungen und ihr ganzer Stolz.

Nach zwanzig Minuten erreichten sie den Sportplatz, der leer war. Sie begaben sich auf die Fussballwiese und warteten dort angespannt. Sie würden die andere Gruppe bald aus der Nähe sehen, Nevio fragte sich, ob sie gute Sportler waren. Waren sie selber überhaupt gute Sportler? Luca definitiv und sie hatten Simon, Tim und Andrin, die recht gut waren und die anderen waren nicht unbedingt schlecht. Aber im Vergleich zu dem fremden Team hatte er keine Ahnung, wo sie standen.

Apropos fremde Gruppe: Wo waren die? „Pünktlichkeit soll auch gelernt sein", murmelte Simon, als ob er seine Gedanken gehört hätte. „Man sollte meinen, dass man als Schweizer dies im Blut hat", meinte Tim und Nevio stimmte ihm zu, obwohl er selbst immer zu spät war. Aber das tat hier nichts zur Sache.

Da hörten sie aufs Mal lautes Gerede und albernes Lachen. Dann tauchte auf der anderen Seite des Waldes eine Gruppe von neun Leuten auf, die auf sie zumarschierte.

Ein blonder, eher kleiner Typ schwang eine Fahne über ihren Köpfen und führte die Gruppe an. Nevio brauchte einen Moment, um die im Wind flatterte Fahne zu entziffern. Endgegner? Bescheuerter Name.

Die Endgegner blieben zehn Meter von ihnen entfernt stehen und musterten sie. Nevio tat es ihnen nach. Viele Blicke fielen auf ihn, wahrscheinlich, da er die Fahne in die Luft hielt. Er blickte ebenfalls zu ihrem Fahnenträger, der blonde Typ, der höchst entschlossen aussah. Ihr Anführer?

Nevio liess seinen Blick wandern. Der braunhaarige Typ rechts von ihm war einen Kopf grösser, äusserst muskulös und schaute fast schon beängstigend drein. Er war ein echter Sportler, das sah man. Nevio guckte nervös, ob sie mehr solche Typen hatten. Zwei von ihnen waren grösser als er, einen mit hellbraunen Haaren und ein Dunkelblonder, der ein halber Riese war, etwa gleich gross wie Tim. Sie sahen aber beide nicht so sportlich aus wie der Braunhaarige neben dem Blonden und das tat auch sonst keiner. Nevio warf einen Seitenblick auf seine Gruppe, bei ihnen sah nur Luca so aus.

Die Zeit zog sich in die Länge und es passierte nichts, ausser, dass sie sich gegenseitig musterten. Wann ging es los? Nevio war bereit, er wollte sie platt machen. Er fragte sich, was die anderen über sie dachten. Hatten sie Angst?

\*\*\*

Fürchteten die anderen sich? Fürchtete er sich? Nein. Sie würden die vernichten. Liam musterte sie. Der kleine Rothaarige mit der Fahne war sicher ihr Anführer. Game-Changer? Was war denn das für ein bescheuerter Name?

Rechts vom Rothaarigen stand ein Typ mit schwarzen Haaren, der einen Kopf grösser war und äusserst muskulös aussah. Dem Aussehen nach ihr bester Sportler, aber Liam würde es schon mit ihm aufnehmen können. Es gab einen, der grösser war als er, ein halber Riese, ähnlich wie Jonas. Aber so sportlich wie der Schwarzhaarige sah keiner aus.

Die Stille wurde langsam erdrückend. Liam fragte sich, wann das Spiel begann. Dann trat ein Mann mittleren Alters mit gräulich mischblonden Haaren auf den Platz und pfiff in eine Trillerpfeife. Es war der Gleiche, der bei Darios Verletzung zu ihnen kam. Sie schauten zu ihm und warteten. Der Mann liess sich Zeit und blickte beide Gruppen in aller Seelenruhe an.

„Hallo zusammen, ich bin Beat und ich werde für die kommende Woche euer Schiedsrichter sein." Es gab vereinzeltes Klatschen. „Wie ihr wisst, starten wir heute den Wettbewerb mit Fussball, ich verlange eine faire Spielweise während der ganzen Woche. Die Sportcaptains der beiden Mannschaften können nun nach vorne kommen und sich die Hand schütteln."

Liam blickte kurz zu Silvan, der ihm zunickte und ging nach vorne. Der schwarzhaarige Muskelprotz bewegte sich ebenfalls und die beiden trafen sich in der Mitte. Liam streckte ihm die Hand hin und er schüttelte sie. „Luca", berichtete er. „Liam", erwiderte er. Sie schauten sich kurz in die Augen, dann latschten sie zurück zu ihrem Team.

„Begebt euch auf eure Position!", rief Beat, der Schiedsrichter. Liam lief in die Mitte zum Ball. In der ersten Halbzeit hatten sie Anstoss. Beat hat eine Münze geworfen. Bald würde das Spiel starten. Sie mussten gut sein. Er wollte diese Handys. Der Schiedsrichter pfiff an und Liam kickte den Ball nach hinten. Der Wettkampf hatte begonnen.

Liam bekam den Ball zurückgepasst und sprintete damit nach vorne, er wurde aber von Luca blockiert, sodass er den Ball abgeben musste. Sie passten sich zu, verloren den Ball, verhinderten Angriffe, starteten selbst Attacken, passten sich wieder zu.

Bald kam Liam ins Schwitzen. Er gab vollen Einsatz und versuchte, überall zugegen zu sein. Dennoch gelang ihnen nie der Durchbruch, es gab einen stetigen Ballwechsel, ohne dass etwas passierte. Die erste Halbzeit war beinahe vorbei, als Liam eine Lücke ausmachen konnte und seine Chance sah. Er sprintete nach vorne und kickte den Ball am Riesen vorbei ins Tor hinein.

Seine Gruppe kam jubelnd auf ihn zugelaufen und bildeten einen lärmenden Kreis um ihn. Sie waren in Führung. Auch nach Beginn der zweiten Halbzeit noch. Liam dachte schon, dass sie den Sieg in der Tasche hatten, als Silvan einen Angriff im Alleingang ausführen wollte und so den Ball verlor. Luca hatte ihn ihm abgenommen und preschte damit nach vorne. Liam konnte nichts machen ausser zuschauen, da er sich auf der anderen Seite des Feldes befand.

Geschickt wich Luca den Verteidigern aus und schoss auf ihr Tor. Jonas sprang zur Seite. Seine Hände streiften den Ball, der an ihm vorbei ins Tor segelte. Jubelrufe ertönten, besonders laut von den zwei Typen am Rand, die nicht mitspielten. Um Luca wurde ebenfalls einen johlenden Kreis gebildet und Liam ärgerte sich. Sie waren so nah dran gewesen. Musste Silvan immer alles im Alleingang machen?

Das Spiel ging weiter. Liam war nun noch verbissener, wie der Rest ebenfalls. Das Spiel wurde immer grober und Beat musste manchmal pfeifen, um es unter Kontrolle zu halten. Die Zeit verstrich und es war noch immer unentschieden.

Dann gelang es Silvan, an den Ball zu kommen und durch eine Lücke nach vorne zu sprinten. Liam begab sich vors Tor und rief ihm aufgeregt zu: „Hier!" Aber er gab keinen Pass. Hatte Silvan ihn nicht gehört? „Hier!", schrie er erneut. Silvan schaute ihn an, machte aber keine Anstalten ihm den Ball zuzupassen, stattdessen wich er zwei gegnerischen Spielern aus und schoss den Ball aufs Tor.

Luca konnte jedoch in seine Schusslinie springen und den Ball mit seinem Kopf abwehren. Silvan fluchte laut und kickte frustriert in den Torpfosten, worauf er sich schimpfend den Fuss hielt und auf einem Bein auf und ab hopste.

Langsam ging Silvan Liam auf die Nerven, das wäre ihre Chance gewesen! Er schaute in die Gesichter seiner Teamkollegen und sah, dass es ihnen ähnlich ging, aber niemand sagte was.

Die Game-Changer starteten einen Gegenangriff. Luca passte den Ball an den rothaarigen Anführer, welcher nach vorne rannte und den Ball an einen mittelgrossen Blonden weitergab. Dieser nahm ihn gekonnt entgegen und lief zum Tor. Liam hielt den Atem an, als er schoss. Jonas sprang in die Luft, während der Ball in hohem Bogen aufs Tor zuflog. Im letzten Moment konnte

Jonas den Ball umklammern und landete mit ihm auf dem Boden.

Liam klatschte ihm, wie der Rest der Gruppe, zu. „Noch drei Minuten", ertönte da die Stimme des Schiedsrichters. Jonas spielte den Ball gestresst nach vorne und Noah übernahm. Er wurde von Luca ausgebremst und gab an Fadri weiter. Dieser sprintete nach vorne und passte ihm zu. Liam nahm an, wich zwei Gegnern aus und jagte nach vorne. Richtung Tor. Ein Blonder stellte sich ihm in den Weg und versperrte das Durchkommen zum Goal. Liam scannte die Gegend ab und passte an Noah, der aufs Tor zurannte. Ihm gelang es, Liams Schuss entgegenzunehmen und kickte voll drauf.

Der Ball segelte wie in Zeitlupe aufs Goal zu. Der Riese sprang in die Luft und berührte den Ball mit seinen Fingerspitzen. Dieser flog jedoch weiter und berührte in dem Moment das Netz, als der Schiedsrichter Beat abpfiff.

Liam jubelte und rannte wie der Rest der Gruppe zu Noah. Gemeinsam bildeten sie einen lauten, hüpfenden Kreis. „Die Endgegner haben gewonnen!", verkündete Beat und lief vom Feld. Liam löste sich aus dem Gedränge und schlurfte auf ihre Gegner zu.

„Gut gespielt", bemerkte er und klatschte sie ab. Seine Kollegen folgten seinem Beispiel. Guter Sportgeist gehörte eben dazu.

\*\*\*

Sand stob in seine Augen und er blinzelte verhalten. Er hat sich der Länge nach hingeworfen. Er war nicht gut im Sport, aber zeigte wenigstens vollen Einsatz. Etwas, was nicht alle von sich behaupten konnten.

Der Ball flog zu Luca, der ihn gekonnt übers Netz schmetterte. Nevio stand wie ein paniertes Schnitzel auf und begab sich wieder in Position. Sie mussten alles geben. Er wollte um jeden Preis diese Handys gewinnen.

Es lief gut. Heute Morgen hatten sie die Stafette gewonnen und gestern Nachmittag das Seilziehen. Bis jetzt gingen sie erst im Fussballspiel gestern Morgen als Verlierer aus dem Wettkampf heraus. Sie würden das packen.

Der Volleyball kam wieder übers Netz und Nevio hätte vor lauter Überlegungen fast seinen Einsatz verpasst. Er stürzte sich wieder in den Sand und konnte den Ball gerade noch hochspielen. Jedoch nicht so schön, dass Joel ihn bekommen hätte. So flog er ins Netz und die Endgegner riefen ein „Ha!"

Er musste sich mehr konzentrieren. Auf keinen Fall durften die anderen gewinnen. Sie waren gleich auf. Einundzwanzig Punkte für sie und dreiundzwanzig Punkte für die anderen. Beide zwei Sätze.

Es würde sich bei den nächsten paar Punkten entscheiden. Gutes Zusammenspiel. Luca landete einen fantastischen Smash. Einen Punkt für sie. Anspiel von Simon. Der kleine Blonde rief: „Ich!", und rempelte dabei beinahe einen anderen um. Er war aber nicht schnell genug. Ass! Gleichstand.

Wieder ein Anspiel von Simon. Dieses Mal konnten sie ihn annehmen. Erster Pass. Zweiter Pass. Der Ball flog hoch. Der grosse Sportliche sprintete darauf zu und schmetterte ihn mit voller Wucht übers Netz.

Andrin hechtete nach vorne und legte sich in den Sand. Zu spät. „Scheisse!", keuchte er. „Ist nicht dein Fehler", bemerkte Nevio verbissen. „Wir packen das noch." Die Hoffnung starb bekanntlich zuletzt.

Ihr Anspiel. Der Ball flog wie in Zeitlupe auf Nevio zu. Schweiss lief in Bächen an ihm hinunter. Wenn er den nicht hatte, gewannen die Vollpfosten das Spiel. Das durfte er auf keinen Fall zulassen.

Nervös verfolgte er den Ball mit seinem Blick und streckte seine Arme gerade vor ihm aus, dann drückte er sie hinauf gegen den Ball. Er flog in hohem Bogen weiter. Hoffentlich zu einer Person. Nevio drehte sich um und sah ihm nach.

Er flog nicht zu einer Person. Schockiert sah er zu, wie der Ball Richtung Boden segelte und beinahe den Sand berührte.

Da machte Luca einen Hechtsprung nach vorne und brachte in letzter Sekunde seine Arme darunter. Der Ball flog wieder hoch. Sie verfolgten ihn alle mit den Blicken.

Tim preschte nach vorne und pfefferte ihn übers Netz in eine Lücke, wo er im Sand landete. Nevio stiess einen Jubelruf aus und gab Luca ein Highfive. Matchball.

„Come on, den versenken wir!", rief er voller Elan. Ein Anspiel von Marco. Sie nahmen den Ball souverän an und brachten ihn gleich wieder übers Netz. Nevio nahm ihn entgegen und passte Andrin, dieser gab den Ball an Luca ab, welcher ihn übers Netz donnerte.

Tief durchschnaufen. Der braunhaarige Sportliche nahm ihn gekonnt ab und passte den Ball dem Grossen. Dieser wollte ihn dem Anschein nach übers Netz schicken, aber der kleine Blonde von vorher, vermutlich ihr Boss, rief: „Hier! Hier!"

So passte er dem Blonden. Dieser rannte zum Ball und schlug in voll Karacho ins Netz. Einige Sekunden blieb alles still.

Dann sprangen sie gleichzeitig in die Luft und jubelten. „Ich sagte doch, wir packen das!", schrie Nevio und klatschte alle ab. „Wir sind die Besten!", rief Simon zustimmend.

Nevio schaute zu ihren Gegnern und rief: „Gut gespielt!" Seine Teammitglieder taten es ihm nach, aber die anderen ignorierten sie. Die waren zu sehr damit beschäftigt, verärgert auf den Blonden einzureden.

Das konnte ihm egal sein, bei ihnen waren alle spitze, drei Mal in Folge gewonnen. Das war eine Leistung! Nevio freute sich jetzt schon auf den Preis. Denn es war ja wohl klar, dass sie gewinnen werden.

\*\*\*

Verdammte Idioten. Die brauchten sie gar nicht so siegessicher anzugrinsen. Morgen würden sie beide Disziplinen gewinnen, das schwor Liam sich bei seiner gesamten Skiausrüstung.

Ihnen würde das Lachen vergehen, sowie die albernen Liedchen, die sie während ihres Abgangs vor sich trällerten. „Verpisst euch ruhig. Ihr könnt noch was erleben", murmelte Liam und bekam ein Nicken von denen, die ihm nahe standen.

Nach fünf Minuten hatte sich immer noch niemand von ihnen bewegt. Die andere Gruppe war längst ausser Sichtweite und der Gesang verstummt. Aber keiner von ihnen brachte die Motivation auf, sich zu rühren.

Liam würde ihnen gerne hintennach laufen und sie vermöbeln. Verdient hätten sie es. Arrogante Trottel. Das waren sie.

„Schaut!", rief Finn urplötzlich. Alle drehten sich zu ihm. Was kam jetzt? Wieder irgendein schlauer Kommentar? Wollte er sie erneut belehren? Manchmal war er echt mühsam.

„Sie haben ihre Fahne vergessen!" Liam war nicht der Einzige, der sich ruckartig umdrehte. Tatsächlich. Da hing sie. Hässlich wie eh und je. Am Gitter vom Zaun. „Lass sie uns anzünden!", schlug Noah vor. „Ja, wir verbrennen sie!", wiederholte Silvan und lief darauf zu.

Dieser Typ. Liam hatte ihn nie besonders leiden können, aber nach diesem Spiel verabscheute er ihn. Es war ja nicht schlimm, den Ball mal nicht zu halten oder einen Fehler zu machen. Das passierte jedem. Aber man musste nicht im Alleingang spielen, es gab aus gutem Grund ein Team.

Silvan kletterte einen Meter zu ihr hoch und nahm sie ab. Liam streckte die Arme nach oben, um ihm klar zu machen, dass er sie abgeben soll. Silvan liess sie fallen und Liam fing sie auf.

„Hat jemand ein Feuerzeug?", fragte er in die Runde und es wurden ihm gleich mehrere entgegengereckt. Er nahm eines und hielt es an die Fahne. „Für unseren morgigen Sieg. Wir bringen diese arroganten Hornochsen zur Strecke."

Dann drückte er den Daumen nach unten und die Fahne fing Feuer. Sie brannte gut. Ausgesprochen gut sogar. Bald war die halbe Fahne von zischenden Flammen umschlungen. Liam streckte sie in die Höhe und schwang sie triumphierend hin und her.

Nach einiger Zeit erlosch das Feuer und Liam hielt einen Stock mit ein paar angekohlten Stofffetzen in den Händen. Die mickrigen Überreste hing Liam wieder zurück ans Gitter.

Ein Grinsen huschte ihm übers Gesicht, als er an deren morgige Reaktion dachte. Diese Fahne war ihr ganzer Stolz. Blöd, wenn man sie unbeschützt lässt. Selber schuld.

# Kapitel 4

„Das werden sie büssen", murmelte Nevio bedrohlich, „diese verdammten Vollidioten." Er könnte sie auf den Mond schiessen und eine Rakete gleich hintennach. „Sie werden sich wünschen, unsere Fahne nie auch nur berührt zu haben", ergänzte Simon vor Wut zitternd. „Wir werden es ihnen heimzahlen", bestätigte Tim.

„Wie gehen wir vor?", fragte Andrin in die Runde. „Was für 'ne Frage", meinte Simon sofort, „wir verprügeln sie natürlich." – „Die haben keine Chance gegen uns", warf Luca ein.

„Wir könnten auch ihre Fahne klauen", meldete sich Fabian zu Wort. Alle schauten zu ihm. Er sagte nie was. „Oder beides", wendete Leandro ein. „Ein Teil von uns knöpft sich die Gruppe vor, während andere die Fahne stehlen und sich mit ihr davonmachen. Dann verbrennen wir sie in Ruhe und bringen die Überreste vor dem Spiel auf den Platz zurück", fuhr Joel an Stelle von Leandro fort.

„Und wie fangen wir mit der Schlägerei an? Wir brauchen einen Auslöser", wendete Nevio ein. „Ich gehe auf sie zu", meinte Luca, „und frage sie, ob sie unsere Fahne verbrannt haben." – „Natürlich haben sie!", rief Nils dazwischen. „Jetzt wart doch mal ab", brachte ihn Luca zum Schweigen und sprach weiter. „Sie werden natürlich Ja sagen. Dann werde ich auf den mir am nächsten Stehenden einschlagen und ihr werdet mir zur Hilfe eilen. Was sagt ihr dazu?"

„Gute Idee, so machen wir es", fand Nevio und wendete sich an die Gruppe. „Einverstanden?" Zustimmendes Nicken. „Wer klaut die Fahne?", fragte Leandro. „Ich", meldete sich Simon sofort, „ein paar können mir folgen und schauen, dass sie nicht zurückerobert wird."

„Psst", zischte da aufs Mal Andrin, „sie kommen!" Nevio schaute auf und sah die Endgegner lachend mit selbstsicheren Schritten auf sie zulaufen. Bevor er etwas sagen konnte, löste sich Luca von der Menge und latschte hocherhobenen Hauptes auf die Deppen zu.

„Habt ihr unsere Fahne verbrannt?", fragte er herausfordernd. „Wir sind mit dem Feuerzeug in der Hand gestolpert, sodass es uns aus der Hand spickte und geradewegs auf eure Fahne zuflog. Das ist wirklich dumm gelaufen", behauptete der Grosse bedauernd. „Ja, es tut uns furchtbar leid. Wir konnten echt nichts machen", ergänzte ihr Captain mitleidig.

Bevor noch jemand von ihnen etwas sagen konnte, boxte Luca dem grossen Braunhaarigen in den Magen und sie rannten auf die Endgegner zu. Nevio sah, wie es Simon gelang, dem Captain die Fahne aus der Hand zu reissen, als er von einer Faust in die Seite getroffen wurde.

Er drehte sich um und sah sich einem mittelgrossen Typen mit roten Haaren gegenüber. Rothaariger gegen Rothaariger. So war das also. Er duckte sich unter einem weiteren Schlag weg und landete einen Treffer in der Magengrube.

Der Junge krümmte sich zusammen, aber griff erneut an. Dieses Mal traf es seine linke Schulter. Das würde einen dicken blauen Fleck geben. Wutentbrannt sprang er auf den Typen und riss ihn zu Boden.

Kurze Zeit sass er auf ihm drauf, dann rollte der sich weg und plötzlich war Nevio unten. Verzweifelt sah er, wie sich die Faust des Jungen mit beachtlicher Geschwindigkeit näherte.

Haarscharf verfehlte er sein Gesicht, da Nevio sich im letzten Moment wegdrehen konnte. Er war zur Seite gerollt und sprang erneut auf den Typen drauf. Da kam Simon triumphierend johlend auf den Platz zurück und hielt die abgefackelte Fahne der Endgegner in die Höhe. Andrin, Leandro, Elias und deren Captain Liam, wenn er es richtig im Kopf hatte, folgten ihm.

Liams Gesicht war feuerrot, als er auf den Platz stampfte. „Ihr miesen Loser", brüllte er wutentbrannt, „ich fordere jemanden in meiner Grösse. Eins gegen eins. Jetzt gleich!"

„Ich bin hier!", rief Nevio sofort und stand auf. Das hatte er gerade nicht getan oder? Den ihn anglotzenden Augen zu beurteilen schon. Verdammte Scheisse. Was war in ihn gefahren? Er musste es durchziehen.

Obwohl man von weitem sah, wer den Sieg davontragen würde. Er war klein und unsportlich. Dieser Liam war eine Maschine und gross dazu. Nicht schwer abzuschätzen.

Er schluckte und trat auf ihn zu. Er durfte keinen Rückzieher machen. Liam musterte ihn von oben bis unten und schmunzelte. Nevio tat es ihm nach. Er sollte sich nicht wie gefundene Nahrung aufführen. Es reichte, wenn er so aussah.

Er konnte eigentlich gleich den ersten Zug machen, würde das vor seinem Abgang spektakulär aussehen? Keine Zeit zum Nachdenken. Er rannte mit voller Wucht auf Liam zu, der geschickt auswich. Nevio wollte direkt nachlegen und erneut auf ihn zupreschen, als Louis angerannt kam und zwischen sie ging.

„Aufhören, und zwar subito!", befahl er wütend. „Wollt ihr euch die Köpfe einschlagen?", fragte ein Rothaariger, der ebenfalls auf sie zugelaufen kam. Eine Aufsichtsperson von denen?

„Ja", konterten Liam und er aus einem Mund. Mal was, worin sie sich einig waren. Dass es so etwas gab. Erstaunlich.

„Ihr könnt euch während des Wettbewerbs miteinander anlegen. Fair und gemäss Spielregeln", meinte Louis. „Dann sowieso", knurrte Liam, „wir werden euch auseinandernehmen."

„Das werden wir ja sehen", erwiderte Nevio, „nach jetzigem Stand wäre ich mir da nicht so sicher." Liam wollte etwas erwidern, da schnitt ihm der Rothaarige das Wort ab und verkündete: „Wir beginnen nun mit dem Völkerball."

Nevio gesellte sich zu seinen Teamkollegen auf die eine Seite des Feldes. „Wer ist es?", fragte er in die Runde und erhielt sofort zehn Antworten. „Du!"

„Nein, das ist viel zu auffällig. Sie werden denken, dass ich es bin", entgegnete er, obwohl ihn die Antworten freuten. „Wer dann?", erkundigte sich Simon. Sie schauten sich gegenseitig an. „Wie wär's mit Fabian?", meinte Leandro nach einiger Zeit der Stille. „Fabian?", fragte Simon überrascht und blickte zu dem nicht weniger perplexen Fabian.

„Ja. Das wäre doch perfekt. Er ist ruhig und unauffällig. Sie werden niemals auf ihn kommen", beharrte Leandro. Nevio überlegte sich die Sache genau. Es war eine gute Idee, selbst er vergass durchgehend Fabians

Anwesenheit und er war in seiner Gruppe. Die anderen würden nicht mal wissen, dass Fabian überhaupt existierte.

„Find ich einen guten Vorschlag", bestätigte Nevio und machte daraus eine beschlossene Sache. „Ist das okay für dich?", frage er Fabian, der bloss langsam nickte. „Der Bodyguard ist, so denke ich, für alle klar, oder?", vermutete Nevio und schaute, wie alle anderen, zu Luca.

„Jep, kann ich machen", erwiderte dieser geschäftsmässig. „Wir können es faken", richtete sich Simon an ihn, „du König, ich Bodyguard. Was meinst du?" – „Guter Vorschlag", nickte Nevio ihm zu.

„Dann ist es bestimmt?", erkundigte sich Tim. „Ich denke schon, wer will es berichten?", fragte Nevio in die Runde, aber Luca lief bereits los. Er latschte zu Beat, dem Lagerdirektor, der immer als Schiedsrichter fungierte, und von dem er bis heute nicht mehr wusste, als seinen Namen.

Er sprach nie mit ihnen, ausser, wenn er die Regeln erklärte. Ausserdem war er dann während den Spielen anwesend, um zu schauen, dass alles mit rechten Dingen zuging und verschwand danach spurlos.

Luca kam zurück und die Endgegner hatten Beat ebenfalls ihren König mitgeteilt. Das Spiel konnte beginnen. Nevio schaute seine Teammitglieder an. „Ready?", fragte er in die Runde. „Steady."

\*\*\*

„Go!" Sie rannten los und verteilten sich im Wald. Die Nudeln waren überall. In kleinen Häufchen auf dem

Boden zerstreut, auf Steinen liegend, bei einem Moosfleck oder auf einem Holzstumpf.

Liam sammelte möglichst viele ein und stopfte sie in seine Hosensäcke, bis diese prall gefüllt waren. Er schlich durch die Bäume und suchte den Posten mit dem Geld. Dann erblickte er den Sportlichen der Game-Changer. Er strich sich die schwarzen Haare aus der Stirn und schaute sich um, latschte zu einem Gesteinsbrocken und begann Nudeln aufzusammeln.

Das war seine Chance. Liam schlich von hinten auf ihn zu. Dann schlug er ihm dreimal auf den Rücken und rief: „Eins. Zwei. Drei. Abgeklopft!"

Luca fuhr herum und funkelte ihn bissig an. „Ich habe nichts, du Opfer", spuckte er ihm entgegen. „Lüg nicht", erwiderte Liam, „ich habe gesehen, wie du es aufgelesen hast." – „Spinner."

„Gib es her", beharrte Liam, „wir sind beide Sportsleute, oder nicht?" – „Worauf willst du hinaus?", fragte Luca kalt. „Wir spielen fair." Er wusste, dass er damit einen Nerv getroffen hatte. Luca war ein Sportler wie er und für Liam gab es nichts Schlimmeres, als wenn sich jemand nicht an die Spielregeln hielt. Gewinne fair oder verliere.

„Blödmann", zischte Luca und warf ihm ein paar Noten vor die Füsse. „Und die Nudeln?", erkundigte sich Liam spöttelnd. „Kannst du selbst auflesen", entgegnete Luca, leerte seine Hosensäcke und rannte davon.

Loser. Hatte nicht mal die Ehre, es ihm in die Hand zu drücken. Aber egal, er hatte Gewinn gemacht. Viel sogar. Grinsend lass Liam die Noten auf und zwängte die restlichen Nudeln in die Taschen. Heute lief es gut.

Im Völkerball besiegten sie die Game-Changer, obwohl es ewig dauerte, bis sie endlich den König ausfindig gemacht hatten. Dieser Typ war zu unauffällig und gut noch dazu. Das hätte er ihm gar nicht gegeben. Bis jetzt ist dieser Junge ihm nie aufgefallen, er wusste nicht mal, wie er hiess. Aber er kannte so oder so nicht alle deren Namen.

Liam ging zügig weiter und traf bald auf den Nudeln-zu-Geld-Umtauschposten. Ursin und der schwarzhaarige Leiter der Game-Changer empfingen ihn. Er steuerte auf Ursin zu und leerte seine Hosensäcke. Der drückte ihm ein paar Noten in die Hand und Liam machte sich wieder auf den Weg.

Er kam am Verkaufsposten vorbei und sah sich um. Was sie sicher brauchen würden, war Wasser. Aber dieses war teuer und immer noch randvoll, hatte anscheinend noch niemand gekauft. Becher und Töpfe fehlten schon ein paar.

Sie sollten sich zuerst innerhalb der Gruppe absprechen, etwas, was Silvan nie machen würde. Er lief zu ihrer Feuerstelle und begegnete auf dem Weg Jonas und Finn und wies sie an, dass sie gleich mitkommen sollten.

Als er bei ihrem Feuer ankam, waren dort Gian, Noah, Aaron, Julian und Silvan bereits versammelt. „Wir sollten einen Plan aufstellen", verkündete er beim Heranlaufen. „Trifft sich grad gut. Wir sind komplett", bemerkte Silvan. „Komplett bescheuert, wenn man nicht mal auf neun zählen kann", erwiderte Gian schroff. Spätestens nach gestern ist Silvan bei allen unten durch.

„Wer fehlt?", fragte Noah in die Runde, stiess aber nur auf Schulterzucken. „Fadri", bemerkte Jonas und hatte Recht damit. Den vergass man schnell mal. „Egal, der taucht dann schon wieder auf, wir sollten uns jetzt absprechen", meinte Gian.

„Das Wasser ist teuer und wurde noch von niemandem gekauft", berichtete Liam und wurde grob angerempelt. Luca sprang mit einem Topf Wasser an ihm vorbei und kippte ihn auf ihr Feuer.

Es folgten Simon und Nevio, aber diese konnten sie abwehren, indem sie eine Mauer ums Feuer bildeten. Nun waren sie zwar klatschnass, aber immerhin brannte ihr Feuer noch.

Jonas und Aaron legten etwas Holz nach und wedelten. „Woher haben sie Wasser?", fragte Liam wütend. „Sicher vom Bach", meinte Gian. „Würde ich ihnen zutrauen. Fair spielen können die nicht", bestätigte Noah. Sie nickten alle grimmig, obwohl es in den Regeln nie hiess, dass man das Wasser kaufen musste, soweit sich Liam erinnerte.

Es hiess nicht mal, dass sie Wasser verwenden sollten. Lediglich, dass sie das Feuer der anderen Gruppe ausmachen mussten, um zu gewinnen. „Wir müssen das Feuer in einem Durchgang löschen", beteuerte Gian, „sonst brennt es wieder vollständig, bis wir zurückkommen."

„Und wie bekommen wir das hin?", erkundigte sich Liam. „Wir brauchen viele Töpfe und Becher", meinte er, „und ein Ablenkungsmanöver." – „Ein Ablenkungsmanöver?", fragte Noah belustigt. „Wieso?"

„Weil sie sonst direkt eine Mauer ums Feuer bilden können." – „Wie sieht so eine Ablenkung aus? Wir können ja schlecht rufen: *Schaut her, dort hat es schöne rote Waldameisen!* und dann das Wasser über ihr Feuer kippen. So dumm sind sie dann auch wieder nicht", warf Aaron ein.

„Wie wär's mit Wasserpistolen?", fragte Julian. „Wir spritzen ihnen einfach ins Gesicht." – „Das könnte funktionieren", meinte Liam langsam, „aber auch dann können sie weiterhin um das Feuer herumstehen und halt nass werden. Wasser stellt nicht so eine grosse Bedrohung dar."

„Dann pinkeln wir sie eben an", erwiderte Noah lachend, „dann gehen alle aus dem Weg." – „Ausgezeichnete Idee!", rief Gian euphorisch. „Wie jetzt?", fragte Noah verunsichert. „Das könnten wir wirklich machen." – „Im Ernst?", wollte Noah voller Skepsis wissen.

„Wieso nicht?", entgegnete Gian. „Es hiess nie, dass man Wasser verwenden muss." – „Also, sehe ich das richtig, dass du aufs Feuer pissen willst?", fragte Liam nach, um sicher zu sein, dass er nichts falsch verstanden hatte. „Jep." – „Geile Idee", stimmte er zu. „System durchgespielt", meinte Jonas.

Wenig später machten sie sich auf den Weg zum Bach. Gian und Aaron waren einkaufen und hatten Töpfe, Becher und Wasserpistolen besorgt. Diese füllten sie auf und schlichen zur Feuerstelle der Game-Changer. Lediglich Silvan und Finn waren bei ihrem Feuer geblieben, um es im Notfall zu beschützen.

Die waren zu fünft. Nevio, Luca, Simon und zwei deren Namen er nicht kannte. Liam huschte voraus und gab ein Zeichen. Darauf ballerten Aaron, Fadri und Julian los und schossen ihnen mit den Wasserpistolen ins Gesicht.

Dann folgte Jonas mit einem grossen Kessel Wasser und Gian, Noah und er. Während Jonas den Kessel auf das Feuer kippte und die anderen versuchten, ihn zu stoppen, machten sie drei den Reissverschluss auf und pinkelten auf das übriggebliebene Feuer.

Die fünf schauten schockiert zu, wie die letzten Flammen erloschen, unternahmen aber keinen Versuch, sie zu blockieren. „Feuer gelöscht!", schrie Liam laut und kurz darauf kam Beat angelatscht und erklärte sie zum Sieger.

Sie jubelten und klatschten sich gegenseitig ab. Der zweite Sieg an diesem Tag. Liam ging auf Nevio zu und streckte ihm die Hand hin. „Gutes Spiel."

Der nahm sie aber nicht entgegen und meinte nur: „Halt die Fresse, du Pisser." – „Kannst es wohl nicht ertragen, was?", bemerkte Liam schulterzuckend und entfernte sich wieder. Schlechte Verlierer.

***

„Scheiss Trottel", beschrieb Luca treffend. „Wir müssen etwas unternehmen", pflichtete Nevio ihm bei. „Ehrenlose Vollpfosten", meinte Andrin, „können nicht mal fair spielen." – „Das zahlen wir ihnen heim", schwor Tim.

„Wie?", fragte Leandro. „Wir plündern ihre Hütte", schlug Simon vor, „dazu habe ich schon den ganzen Tag Bock." – „Wie genau definierst du *plündern*?", erkundigte sich Joel.

„Wir stürzen halt in ihre Hütte, beschmutzen diese ein wenig und lassen vielleicht etwas mitgehen. Ganz simpel", erklärte Simon. „Mit der Ausnahme, dass sich Leute darin befinden", murmelte Leandro.

„Diese sollen rauskommen und kämpfen", vertrat Tim Simons Meinung. „Hört sich gut an", fand Nevio, wie die anderen, die zustimmten. „Wann gehen wir?", wollte Luca wissen. „Mitternacht."

„Bis wir dort sind, pennen die hoffentlich." – „Sowieso, das sind solche Schlaftabletten, die können gar nicht anders." – „Dann machen wir uns jetzt bereit." – „Bemalen wir uns die Gesichter?" – „Wieso? Die pennen so oder so, ausserdem ist es dunkel." – „Just for fun.

Dann ist es viel aufregender." – „Warum?" – „Voll Gangsterstyle, weisst du?" – „Wenn du meinst", meinte Nevio schulterzuckend und Simon grinste.

Zwei Stunden später hatten sie alle schwarz bemalte Gesichter, eine Sturmmaske und waren mit Stöcken bewaffnet. Voll Gangsterstyle, versteht sich.

„Und jetzt?" – „Gehen wir los." So marschierten sie wie Schneewittchen und die sieben Zwerge durch den Wald. Nur dass sie kein Schneewittchen hatten. Und keine Zipfelmützen. Und elf waren. Und nicht sangen. Vielleicht war es ein schlechter Vergleich. Sie waren eher die drei Musketiere. Dafür waren sie zwar wieder zu viele. Was gab es mit elf? Oceans Eleven.

Egal. Auf jeden Fall kamen sie nach einiger Zeit raus aus dem Wald. Zur Hütte war es nicht mehr weit. Sie schlichen die letzten Meter über die Wiese und blieben vor der Hütte etwas ratlos stehen. „Und jetzt?", fragte wieder Andrin. „Angriff!", brüllte Simon und stürzte los.

„Ganz meine Meinung", rief Nevio und rannte hintennach. Gemeinsam sprinteten sie zu einem Fenster. Es war zum Glück offen, wie die meisten anderen. Sie kletterten hindurch und drangen in die Hütte ein.

Der Mond schimmerte blass durch die Fenster und spendete ihnen Licht. Sie sahen sich um. Sie waren im Wohnzimmer. Vor ihnen, auf der anderen Seite des Raumes, war die Tür. Links davon eine Sofaecke mit Tischchen in der Mitte, rechts der Esstisch.

Simon und er rissen die Sonnenblende vom Fenster, durch welches sie reingekommen waren und erschraken. Ein Gesicht erschien. Dunkel mit schwarzen Haaren und Sturmmaske. Blaue Augen.

„Oh Gott, Luca!", zischte Nevio und beruhigte sich wieder. „Wo sind die anderen?" Die Frage erübrigte sich, da in diesem Moment das Geschrei loslegte. „Endgegner ihr Spasten", sangen sie und bewarfen dabei die Fenster des Schlafraums mit kleinen Steinen.

Simon, Luca und er kippten in dieser Zeit die Tische und Stühle um, rissen weitere Sonnenblenden herunter und spritzten Wasser herum. Dann öffnete Nevio sogar die Tür zum Schlafzimmer, wo der Tumult ausgebrochen war.

Erstaunte Endgegner sassen aufrecht in ihren Betten und schienen nicht recht zu verstehen, was vor sich ging. Andere standen wütend am Fenster und brüllten hinaus, während wieder andere von dem Ganzen nichts mitkriegten und weiterschliefen, oder sich tot stellten.

Es hatte niemand bemerkt, dass Nevio die Tür geöffnet hatte und so nutze er seine Chance. Er gesellte sich zu den anderen ans Fenster und schaute nach draussen. Dort standen Tim und Andrin vorne und schrien: „Kommt raus ihr Angsthasen und kämpft! Oder seid ihr selbst dazu zu feige?"

„Wer sind die, die draussen vor der Tür stehen und sich nicht getrauen, einen Fuss über die Schwelle zu setzen? Wir oder ihr?", rief Noah. „Sollen wir kommen?", erkundigte sich Tim drohend. „Kommt doch, ihr Trottel. Wir zittern beinahe vor Angst", entgegnete Gian.

„Wo ist eigentlich euer Anführer? Hat sich der vor Angst in die Hosen geschissen?", wollte Liam grosskotzig wissen. „Hier, du Vollpfosten", meldete Nevio direkt neben ihm, was die ganze Gruppe zusammenzucken liess. Er lächelte und fragte: „Wer hat sich jetzt vor Angst in die Hosen geschissen?" Dann drehte er sich um und stürzte zur Tür, wobei er unterwegs ein Kleidungsstück auflas. Als Andenken.

Luca und Simon hatten im Wohnzimmer auf ihn gewartet und hüpften aus dem Fenster, als sie sein hektisches Herumgefuchtel bemerkten. Nevio sprang ihnen hintennach.

Draussen angekommen winkte Nevio den Endgegnern zu und rief: „Danke für den freundlichen Empfang, wir kommen gerne wieder einmal." Dann lief er mit der neu erworbenen Hose, gefolgt von seiner Gruppe, in den Wald hinein.

***

„Psst. Sonst hören die uns direkt", zischte Liam. „Tut mir leid, wenn ich gerade über eine Wurzel gestolpert bin", murmelte Gian. „Mach das nicht." – „Nun, wenn DU das nicht magst, werde ich versuchen, mich zu beherrschen", gab Gian zurück.

Es knackste erneut laut. Alle drehten sich zu Finn, der schuldbewusst aufschaute. „Sorry", piepste er. Das konnte ja heiter werden. Wie gross war dieser Wald? Müssten sie nicht schon längst bei den Vollidioten auf der anderen Seite sein?

Waren sie in der Hütte? Hoffentlich nicht, dann konnten sie ihren Plan umsetzen. Im Tageslicht. Denn sie würden nicht so feige sein wie die Möchtegern-Gangster mit ihren bemalten Gesichtern und sich in Dunkelheit verstecken.

Obwohl er sich eingestehen musste, dass sie ihm gestern Nacht einen Schrecken eingejagt hatten. Der plötzliche Lärm hatte ihn abrupt aus dem Schlaf gerissen und für einen Moment der Verwirrung und Angst gesorgt. Als er sich endlich zurechtgefunden und realisiert hatte, was vor sich gegangen war, war er so wütend gewesen, dass er beinahe aus dem Fenster auf sie drauf gesprungen wäre. Eine tiefe Welle der Feindseligkeit hatte sich in ihm ausgebreitet, die sich verzehnfacht hatte, als Nevio plötzlich neben ihm aufgetaucht war. Er hatte sich zu Tode erschrocken und hatte sich erst wieder rühren können, als die Idioten bereits im Wald verschwunden waren. Wie er diese Typen verabscheute. Wie hatten sie es wagen können? Die Endgegner waren so viel besser als diese Blödmänner.

Denn sie waren wie die neun Gefährten auf dem Weg in ein Abenteuer, bei helllichtem Tag und mit mächtigen Mitgliedern. Ein echter Nervenkitzel. Der Wald lichtete sich. Bald waren sie draussen, auf der anderen Seite in Mordor und würden auf Orks stossen.

Liam fand diesen Vergleich ziemlich passend und konnte sich durchaus mit Frodo identifizieren. Obwohl ihre Abenteuer bloss in Graubünden stattfanden, aber so grosse Unterschiede zur Mittelerde gab es gar nicht. Sie hatten auch Berge und Wälder. „Hinter die Büsche!", zischte Gian und Liam duckte sich sofort. Als Hobbit hätte er sich nicht bücken müssen.

„Sie sind draussen", flüsterte Aaron. „Alle?", erkundigte sich Liam vom Boden aus. Aaron spähte durch das Gestrüpp und zählte. „Jep, sie spielen Bottle Fight." – „Perfekt", murmelte Liam und kroch hinter den Blättern hervor, „dann legen wir nun einen Sprint ein."

„Seid leise", verordnete er, bevor er zwischen den letzten Bäumen hindurch rannte und sich hinter der Hütte versteckte. Er drückte sich an die Wand und schaute zu den anderen, die inzwischen ebenfalls über die Wiese preschten.

„Das Fenster ist offen", bemerkte Gian und Liam machte sich gleich daran, einzusteigen. „Nehmt etwas

Dreck mit", flüsterte er und verschwand in der Hütte. Er war im Wohnzimmer.

Die Hütte sah genau gleich aus wie ihre, nur gespiegelt. Liam lief zu der Tür, hinter welcher er den Schlafraum vermutete und lag richtig. Gemächlich begann er damit, alle Rucksäcke auszuleeren und sämtliche Kleider sowie andere Gegenstände wild durcheinandergemischt auf einen Haufen zu stapeln.

Dann öffnete er die Fenster und schmiss die Kleidungsstücke hinaus. Blödmänner. „Liam?" Noah streckten den Kopf durch die Tür. „Hast du es? Wir wären soweit."

Liam nickte und verliess das Zimmer, wobei er einen Blick auf die herumliegenden leeren Rucksäcke warf und lächelte. „Habt ihr noch etwas Erde?", fragte er in die Runde und stoss auf Nicken. „Dann verteilt es auf den Betten und in den Schlafsäcken."

Sein Befehl wurde grinsend ausgeführt, als er sich im Wohnzimmer umsah. Die Tische und Stühle waren zu zwei riesigen Türmen gestapelt, die in der Mitte des Raumes standen und äusserst unstabil aussahen. Der Herr der Ringe und die zwei Türme, langsam begann es ihm zu gefallen. Ausserdem war alles mit einer Dreckschicht überzogen, inklusive Äste und Steine. „Dann kommen wir noch zum Feinschliff", verkündete er, „vielleicht sollte die Hälfte schon mal nach draussen, wir müssen nachher schnell sein."

Sie berieten sich und einigten sich darauf, dass nur Liam, Gian, Noah und Jonas in der Hütte blieben. Der Rest begab sich unter freien Himmel. Liam blickte zu den Verbliebenen und fragte: „Ready?"

Sie nickten und liefen jeweils zu zweit zu den Türmen. „Auf mein Kommando", befahl Liam. „Eins.

Zwei. Drei!" Sie gaben gleichzeitig Schub und stiessen die Türme um. Ein ohrenbetäubender Knall folgte.

Sie rannten an den hinabdonnernden Stühlen vorbei und sprangen nacheinander aus dem Fenster. Dort schlossen sie sich dem Rest der Gruppe an und jagten gemeinsam über die Wiese, an den verdutzten Game-Changern vorbei und ab in den Wald.

\*\*\*

„Ja. Rennt ruhig davon, ihr Memmen!", brüllte Nevio. Mistkerle. Er wollte gar nicht wissen, wie ihre Hütte aussah. Wieso hatten sie sie nicht bemerkt? Sie wären zu Brei geschlagen worden.

Sein Hass auf die andere Gruppe wurde immer grösser. Er könnte sie verfluchen. Da hatten sie sich friedlich eine Pause vom Wettbewerb gegönnt und ein Spiel gespielt und in dieser Zeit war ihre Hütte verwüstet worden. Denn man brauchte gar nicht nachzuschauen, um zu wissen, was sie erwarten würde. Sollten sie einfach noch eine Weile draussen bleiben und die Probleme vergessen? Der Wettkampf war schon Stress genug, da brauchte er sich nicht auch noch deswegen den Kopf zu zerbrechen. Die ganze Situation nervte ihn, er war durchgehend angespannt. Man musste zu jeder Zeit kampfbereit sein, das machte ihn fertig.

„Bringen wir es hinter uns", äusserte sich Luca verachtend, „ich schaue nach." Nevio folgte ihm. Schon von aussen erkannten sie die Verwüstung, obwohl sie es nicht im ganzen Ausmass sahen.

Ihre Kleider lagen verstreut vor der Hütte im Dreck und drinnen sah es nicht besser aus. „Wir schlagen zurück", brummte Simon, „jetzt gleich." Er erhielt zustimmendes Gemurmel, aber Nevio schüttelte den Kopf. „Das macht keinen Sinn."

„Wieso?", wollte Simon aufgebracht wissen. „Weil heute die zweite Hütten-Inspektion ist", erklärte Nevio, „diese Trottel wollen bestimmt, dass wir diese verlieren. Wir müssen zuerst unsere Hütte aufräumen."

Joel nickte. „Wir haben eine Stunde, das schaffen wir, wenn wir Vollschub geben." – „Ich hasse diese Schweine", knurrte Simon, „das werden sie noch büssen." Das fanden sie alle, aber es brachte nichts. Sie mussten zuerst die Hütte in Ordnung bringen.

Das machten sie und schafften es sogar in etwas weniger als einer Stunde. So hatte Nevio Zeit, sich seiner eroberten Hose zu widmen. Er sah, dass sie angeschrieben waren. Welcher Depp beschriftete denn seine Hose? Nevio grinste. Der Boss der Endgegner: Liam.

Er nahm einen schwarzen Edding hervor und begann zu schreiben. Mit Grossbuchstaben bekritzelte er die beiden Hosenbeine, befestigte die Hose an einem Stock und fertig war ihre neue Fahne.

*ENDGEGNER ODER AUCH*
*GEGNER AM ENDE*

Damit machten sie sich auf den Weg zum Sportplatz. Dort angekommen wedelte Nevio triumphierend die Hose und achtete darauf, dass man den Text ihrer neuen Fahne gut lesen konnte. Nevio schaute zu den Endgegnern und fragte sich, wie die reagieren würden. Er suchte Liam, entdeckte ihn in der Menge aber nicht, war er nicht anwesend?

Gerade als er sich zu Luca drehen wollte, um ihn zu fragen, ob er Liam gesehen hätte, wurde er von der Seite umgerissen. Bevor er sich versah, raste eine Faust auf sein Gesicht zu. Schmerz explodierte.

Er blinzelte und nahm verschwommen Liams Fratze wahr. Und seine Faust, die erneut auf ihn zupreschte. Nevio konnte sich vor Schreck nicht rühren und machte die Augen zu. Aber die Faust kam nicht an und er wurde nicht mehr zu Boden gedrückt.

So öffnete er vorsichtig die Augen wieder. Liam stand direkt vor ihm. Er zappelte und versuchte, sich zu wehren, aber die Griffe von Luca und Simon waren zu eisern. Das war seine Chance.

Taumelnd stand er auf und machte einen Schritt auf Liam zu. „Arsch", knurrte er in Rage und boxte ihm ebenfalls ins Gesicht. Das tat genauso weh. Aber es fühlte sich gut an.

# Kapitel 5

Gewonnen. Zumindest das Basketballspiel. Es ärgerte ihn immer noch, dass sie das Fussballspiel am Morgen verloren hatten. Nur wegen Silvan und seiner unmöglichen Spielweise. Er kapierte nicht, dass er nicht der Einzige auf dem Feld war. Ausserdem war er nicht mal besonders gut.

Verschwitzt stampfte Liam zur Hütte zurück, gefolgt von seinen Teamkollegen. Nach diesem Tag waren alle angeschlagen, er hatte nie zuvor so grobe Spiele erlebt. Sie trieften nur so vor Dreck und die Hälfte war verletzt. Liam hatte ein offenes Knie und blaues Auge vom Morgen, Fadri hatte sich den Fuss umgeknickt, Noah und Jonas waren voller Prellungen, Silvan hatte eine Gehirnerschütterung (geschah ihm recht) und Aaron eine Platzwunde am Kopf.

So humpelten sie mehr oder weniger zur Hütte zurück und liessen sich dort erst mal auf die Coach fallen. Heute würden sie ihre Hütte nicht mehr verlassen. So konnten sie sie verteidigen, aber Liam hoffte inständig, dass die anderen nicht kamen. Was unwahrscheinlich war, da diese ebenso angeschlagen waren.

„Ich will das nicht mehr", murmelte Fadri und alle sahen ihn an. „Was?", fragte Jonas. „Dieser ganze Streit. Es macht mich fertig", meinte er und hielt mit schmerzverzerrtem Gesichtsausdruck seinen Fuss. „Der Streit wird vorbei sein, wenn wir sie besiegt haben", versuchte

Liam ihn aufzumuntern. Er verstand Fadri durchaus, es machte ihn wütend. Diese ganze Situation. Die anderen waren die Pest. Er stand wegen des Wettkampfs und den gegenseitigen Angriffen durchgehend unter Strom. Die Spannung liess nie nach, was echt zermürbend war. Es schlauchte ihn regelrecht aus. Deshalb mussten sie unbedingt gewinnen, dann würde dem Ganzen ein Ende gesetzt sein.

Sie brauchten bessere Taktiken, gut überlegte Strategien, irgendwelche Tricks und natürlich wäre es nice, wenn sie per Zufall versteckte Talente entdecken würden.

„Nein", flüsterte Fadri. „Was nein?", wollte Liam wissen. „Ich will auch nicht mehr kämpfen." – „Was?", fragte Gian, als ob er ihn nicht verstanden hätte. „Können wir nicht einfach aufgeben?", erkundigte sich Fadri halb flehend. „Aufgeben?", fragte Noah entsetzt. „Das ist nicht dein Ernst, oder?"

Liam glaubte, sich verhört zu haben. Fadri wollte doch nicht ernsthaft passen? Sie konnten diesen Krieg auf keinen Fall verlieren. Krieg? War es so ausgeartet? Wenn er es sich recht überlegte, dann schon. Es glich wirklich einem Krieg, den sie um jeden Preis gewinnen mussten und dafür brauchten sie alle Soldaten.

„Doch", erwiderte Fadri schüchtern, „ich will auch nach Hause. Wie Dario und Colin." Liams Herz setzte einen Schlag aus. Zwei Krieger hatten sie bereits verloren. Für einen kurzen Augenblick stellte er sich vor, wie es jetzt zuhause wäre. Keinen Stress, keinen Drang sich zu beweisen, keinen nervenzereissenden Wettbewerb und keinen Streit mit elf Jungs. Schöne Vorstellung. Etwas Erholung würde ihm definitiv guttun. Aber dann dachte er an seine neu gewonnenen Freunde hier und den Preis, den er auf jeden Fall gewinnen wollte. Sie würden nicht aufgeben. Das hatte Liam nie getan und er würde nicht damit beginnen. Wenn er eine Sache gestartet hatte, zog er sie zu Ende. Egal, was es ihn kostete.

Die Gruppe war zu baff, um etwas zu erwidern, deshalb schaltete sich wieder Liam ein. „Aber denk doch an den Preis, willst du den nicht gewinnen? Willst du wirklich diesen Idioten den Sieg überlassen? Mit dem könnte ich nie leben. Denkst du nicht, dass Dario und Colin stolz auf uns wären, wenn wir ihnen von unserem Sieg erzählen könnten?"

Fadri schaute ihn nachdenklich an und nickte langsam. „Doch, aber ich weiss nicht, ob wir das schaffen. Du hast ein blaues Auge, Jonas und Noah sind von Prellungen nur so überzogen, Silvan hat eine Gehirnerschütterung und mein Fuss schmerzt höllisch, ich kann kaum noch gehen", zählte er niedergeschlagen auf. „Das wird schon wieder", entgegnete Liam, „wir schaffen das. Wir holen uns den Sieg. Du wirst sehen."

Fadri schaffte es, ein kleines Lächeln hervorzubringen, aber dann stand er auf und verschwand humpelnd im Schlafzimmer. Liam schaute ihm nach und fragte sich, ob andere von seinem Team ebenfalls über solche Dinge grübelten. Glaubten sie nicht an ihren Sieg?

„Ich hätte nicht gedacht, dass Fadri so ein Schwächling ist", meinte Noah wieder mal ohne darüber nachzudenken, was er von sich gab. Obwohl Liam Ähnliches dachte, hätte er das niemals ausgesprochen. „Wir sind schon lange hier, da kann man gut mal einen Durchhänger haben", verteidigte Jonas ihn barsch. „Ich meine ja nur", murmelte Noah. „Dann höre auf zu meinen", erwiderte Jonas kalt.

„Beendet dieses Kindergarten-Getue", schaltete sich Liam ein, „unnötige Streitereien können wir angesichts unserer Lage nicht brauchen. Wir sind ein Team." – „Ein gutes Team, das die anderen zu Hackbrei schlagen wird", bekräftigte ihn Gian, wofür Liam ihm dankbar war. Wenigstens jemand, der an ihren Sieg glaubte.

„Und nun überlegen wir uns Taktiken, wie wir gewinnen werden", sprach Gian seine Gedanken aus. „Genau", übernahm Liam wieder, „wir werden uns von denen doch wohl nicht unterkriegen lassen!"

***

„Manche Menschen gehen mit dem Denken so sparsam um, als wär's illegal", verkündete Nevio. „Dazu haben wir hier ein gutes Beispiel namens Liam, welches das demonstriert." Er zeigte auf einen Pfosten. Gelächter brach aus und Beat kritzelte auf seinem Block herum. Nevio warf kurz einen Blick darauf, war aber zu weit entfernt, um etwas entziffern zu können.

„Er gehört zu den zahlreichen Menschen, die nur am Leben sind, weil Töten im Gegensatz zum Denken wirklich illegal ist. Diese Menschen zeigen, dass es neben Hochbegabten anscheinend auch Tiefbekloppte gibt, welche sich oft zu Gruppen zusammenschliessen. Eine dieser Gruppen findet man auf der anderen Seite dieses Waldes in einer stinkenden Hütte."

Wie lange stand er schon hier vorne? Da sie heute Nachmittag grösstenteils damit beschäftigt gewesen waren, sich Strategien auszudenken, wie sie diese Idioten besiegen konnten, hatten sie nicht mehr viel Zeit zum Proben gehabt. Nevio hatte dann angekündigt, einfach vorne hinzustehen und etwas zu labern, zumal er darin normalerweise recht gut war. Aber langsam gingen ihm die Ideen aus und ausserdem machte ihn Beats Gekritzel nervös. Es wäre besser, wenn jemand noch ein richtiges Talent zeigen würde, denn ihre Show musste unbedingt gut sein. Immerhin ging es um den Wettbewerb.

„Huch", meinte Nevio schockiert, „was war das?" Er schaute nach oben, als würde er auf etwas hören, dann teilte er in Roboterstimme mit: „Hirn konnte keine Verbindung zur Arbeit herstellen, bitte überprüfen Sie Ihre Motivation und versuchen Sie es zu einem späteren Zeitpunkt nochmals." Er sah wieder in die Menge und fragte mit normaler Stimme: „Wie konnte das bloss passieren? Ich werde meine Lust schicken müssen, um die Motivation zu finden." Nevio wartete einen Moment und meinte dann: „Verdammt, jetzt sind beide weg."

Seine Kollegen lachten und Beat begann wieder zu kritzeln. Langsam nervte es ihn. „Tja", sprach er weiter, „dafür lässt die Müdigkeit grüssen, oh, und sein Kollege *Kein Bock* ist auch im Anmarsch. Wie schön. Der Wille war ebenfalls da. Haben ihn wieder weggeschickt." Mit diesen Worten ging er unter Applaus auf seine Freunde zu und setzte sich in die Reihe. Für heute hatte er genug Scheisse gelabert.

Leandro stand auf und trat mit seiner Geige nach vorne. Er war auf professioneller Ebene tätig und hatte seine Geige deshalb ins Lager mitgenommen – drei Wochen ohne Proben wären für ihn undenkbar gewesen.

Als er zu spielen begann, staunte Nevio nicht schlecht. Er wusste, wie musikalisch er war, aber davon war er jetzt trotzdem baff. Klassische Musik war eigentlich gar nicht sein Ding, aber Leandro, der war eine Klasse für sich. Er zog ihn mit seinen Klängen in eine andere Dimension. Nur schon wie er sich bewegte, er tanzte beinahe zu der Musik, oder die Musik tanzte zu ihm. Das konnte man nicht so genau sagen. Wie war es überhaupt möglich, sich so schnell zu bewegen und dabei so auszusehen, als ob man in Gedanken versunken wäre?

Abgespaced. Nevio würde ihm wieder mal zuhören, Beat bestimmt auch. Nevio sah zu ihm und grinste. Beats Hände bewegten sich beinahe so geschwind wie Leandros Finger. Armer Notizblock.

Als Leandro fertig war, sprang Beat auf und applaudierte laut. Er war nicht der Einzige. Leandro lächelte und setzte sich wieder hin. Anschliessend war Luca an der Reihe, danach Andrin und Nils, bis alle ihren Part abgeliefert hatten. Beat kritzelte einige Minuten weiter, stand schliesslich auf und verliess sie. Ohne ein weiteres Wort.

\*\*\*

„Renn!" Wonach sah es denn aus? Er sprintete, wie vom Teufel persönlich gejagt. „Weiter! Weiter!" Jaa, sie konnten sich beruhigen. Er verstand das Spiel. Natürlich würde er nicht stehen bleiben, wenn der Ball so weit entfernt war.

Ein wenig stolz war schon auf diesen Schuss. Liam hatte nie zuvor so weit geschossen. Aber in dieser Woche ging es um alles. Auf keinen Fall durften diese Idioten den Preis gewinnen. Das würde ihn killen.

Er hatte in dieser Woche zu viele Leistungen dafür gebracht. Wenn sie verlieren würden, wäre alles für nichts gewesen. Er konnte sich kaum vorstellen, wie deprimierend das sein würde. Er wollte sich das nicht vorstellen. Liam hatte sein gesamtes Herzblut in diese Sache gesteckt und war in seinem Leben noch nie so ehrgeizig gewesen. Sie mussten einfach gewinnen, es gab keine andere Option.

„Noch weiter! Go! Du schaffst das!" Das würde ein guter Lauf werden, er spürte es. Liam beschleunigte, obwohl er das nicht für möglich gehalten hätte.

Luca stand mit erhobenen Armen bei der dritten Base und schien den Ball in Kürze zu erwarten, denn er verfolgte etwas mit seinen Augen. Liam stürmte über den Rasen und tappte mit dem Fuss auf die Matte. Dann preschte er weiter. Alles oder nichts.

War es ein Fehler? Er sah den Ball fliegen, in hohem Bogen, immer näher an die Homebase. „Go! Go! Go!", riefen seine Teamkollegen. Er legte einen Zahn zu. Seine Beine bewegten sich zu schnell. Er würde stolpern, da war er sich sicher. Bitte nicht jetzt. Noch drei Meter. Der Ball hatte die Base fast erreicht.

Zwei Meter. Bitte, bitte! Er ging in den Sturzflug. Einen Meter. Nevio fing den Ball und machte einen Schritt zur Base. Liam setzte in einen Sprung über. Nevios Fuss war nur wenige Zentimeter entfernt. Dann landete Liam auf der Matte und flog in Nevio hinein, sodass sie beide zu Boden stürzten und einen Moment über den Rasen rollten.

Yes! Er hatte den Punkt geholt. Seine Gruppe jubelte und lief auf das Feld. Die Zeit war vorbei, nun waren sie in der Defense. Liam latschte zur dritten Base und positionierte sich dort. Sie hatten gut vorgelegt, mal schauen, wie die sich schlugen.

Nevio startete, indem er den Baseballschläger in die Hand nahm und sich aufstellte. Seine Gruppe jubelte ihm zu, vor allem die Nichtspieler, die brüllten sich beinahe die Kehle aus dem Leib. Elias und Nils hiessen sie, glaubte er sich zu erinnern.

Sie schlugen sich nicht schlecht. Immer mehr Punkte gingen auf ihr Konto, doch die Zeit wurde auch immer knapper. Würden sie es schaffen, sie einzuholen? Die Situation war brenzlig.

Die Zeit schien nicht vorbeizugehen. Glücklicherweise konnten sie einen Fangball erzielen. Einen Punkt für sie und ein Out für die anderen. Das war denen bei ihnen nicht gelungen. Vielleicht hätten sie doch nach den normalen Spielregeln mit den drei Outs spielen sollen und nicht diese Variante mit der Zeit.

Der Punktestand kam ihrem gefährlich nahe, dann lief die Zeit ab. Liam sprang auf und jubelte. Gewonnen! Wie das Capture the Flag am Morgen. Sie waren ohne Zweifel die Besten. Die anderen mussten sich wohl oder übel damit abfinden.

*** 

„Deppen", meinte Simon und Nevio konnte ihm nur zustimmen. „Was soll das für ein Spiel sein?", erkundigte sich Luca, aber niemand wusste es. „Das ist das Neun-Idioten-laufen-einem-Ball-nach, kennt ihr das nicht?", murmelte Nevio und erntete Gelächter.

Sie schauten eine Weile zu, aber Nevio konnte sich keinen Reim darauf machen. Er hatte keine Ahnung, was die da spielten. Es war etwas Läppisches, das sah man von weitem. So richtig uncool.

„Gehen wir in die Hütte?", fragte Nevio nach einiger Zeit in die Runde. „Was ist denn das für 'ne Frage?", wollte Tim wissen. „Die Antwort lautet natürlich: Sicher!" So schlichen sie langsam hinter dem Gebüsch hervor, von dem aus sie die Endgegner beobachtet hatten.

Leise huschten sie aus dem Wald hinaus, über die Wiese und zur Hütte. Sie hatten sogar die Tür aufgelassen! Das war ja geradezu eine Einladung. Sie traten ein und verteilten überall Erde, sie wollten ja nicht, dass denen das Erlebnis ausblieb, hineinzukommen und alles verschmutzt aufzufinden.

Sie gaben sich ausserordentliche Mühe und bauten sogar eine Strasse aus Ästen, die von einem Ameisenhaufen direkt in die Hütte führte. So viel Pionierkunst musste man erst mal aufbringen! Es war eine Meisterleistung.

Dann schauten sie zu, wie sich die Ameisen in allen Räumen verteilten und liessen etwas mitgehen, schliesslich konnten sie nicht mit leeren Händen heimkehren.

Sackmesser, Taschenlampen, Sonnenhüte und Flaschen. Unscheinbare Gegenstände, die man erst bemerkte, wenn man sie nicht mehr hatte. Das machten sie natürlich nur, damit die Wichtigtuer lernten, die kleinen Dinge im Leben zu schätzen. Als Lehre fürs Leben, versteht sich.

Als die Ameisen sich daranmachten, in die Rucksäcke und Schlafsäcke zu krabbeln, verliessen sie das Drecksloch wieder und verschwanden im Wald. So leise sie gekommen waren, entfernten sie sich auch wieder. Unauffälliger Abgang.

Weit schlichen sie nicht, nur zu ihrem vorherigen Platz, denn sie wollten deren ihre Reaktion nicht verpassen, wenn sie die Lektion fürs Leben bekamen. Darauf liess sich allerdings lange warten.

Das führte zum ersten entspannten Moment seit Tagen, was absurd war, da sie sich im Gebiet ihrer Feinde befanden. Aber irgendwie war es auch logisch, denn sie hatten die Endgegner im Blick und somit die Kontrolle.

Sie brauchten keine Angst vor einem Hinterhalt zu haben und die anderen wussten nicht mal, dass sie hier waren. Nevio genoss diesen friedlichen Moment und nutzte seine neu gewonnene Zeit, um dem konfusen Spiel zuzuschauen und sich erneut zu fragen, was da abging. Auch nach einer halben Stunde intensiven Beobachtens hatte Nevio immer noch keinen Plan, was die da machten und wie dieses Spiel funktionierte. Es sah schwachköpfig aus, so etwas selten Irrwitziges hatte er bisher nie gesehen.

Als sie endlich damit aufhörten, hatte er Kopfschmerzen und hoffte, das nie mehr ansehen zu müssen. Er hätte seine Zeit besser nutzen können. Immerhin heiterte ihre Reaktion ihn etwas auf, das Warten hatte sich gelohnt, obwohl die Holzköpfe ihre sorgfältig gebaute Ameisenbrücke sofort zerstörten. Die wussten nicht, wie man mit hochwertigen Kunstobjekten umging. Eine Schande war das.

„Wollen wir noch länger zuschauen?", fragte Andrin gähnend. „Nein." Auch Nevio hatte genug gesehen. Es würde jetzt nichts Aufregendes mehr passieren. Ausserdem sollten sie ihre Hütte beschützen, denn sie würden sicher zurückschlagen. So zogen sie sich in den Wald zurück.

*\*\**

Zweige peitschten ihm entgegen, Blätter nahmen seine Sicht und Dornen verfingen sich in seinen Kleidern. Dennoch rannte er weiter. Er wollte in ihr Gebiet. Er wollte gewinnen.

Nach einiger Zeit kam er auf eine Lichtung und wurde erwartet. Mist. Sie waren zu dritt. Das übliche

Trio. Nevio, Luca und Simon. Liam blieb wie angewurzelt stehen. Sie hatten ihn bemerkt.

Er machte kehrt und sprintete davon. Dabei musste er über mehrere Wurzeln, tief hängende Äste und Gesteinsbrocken springen. Fünf Minuten, dann blieb er schweratmend stehen und horchte. Stille.

Hatte er sie abgehängt? Nicht, dass Nevio und Simon eine Chance gegen ihn hätten, die einzige Gefahr war Luca und von dem war weit und breit keine Spur. Aufmerksam schlich er weiter.

Das Knacken eines Astes. Er fuhr herum und fand sich Tim gegenüber. Dieser musterte ihn und sprang dann aus dem Nichts auf ihn drauf. Wieso musste er ausgerechnet dem Riesen begegnen?

Tim war schwer und kräftig. Aber glücklicherweise nicht stärker als Liam. Sie rangen miteinander, dann gelang es Liam, die Überhand zu erlangen. Sie drehten sich, sodass er oben war. Er versuchte, ihn stillzuhalten, um an seinen Rücken zu greifen. Das war gar nicht so leicht wie angenommen.

Tim wehrte sich, fuchtelte und kickte ihn. Aber Liam gab nicht auf. Nach schier endloser Zeit gelang ihm ein hastiger Griff an den Rücken zum Hosenbund. Er konnte das daran befestigte Band lösen und stand triumphierend auf.

„Für dich ist das Spiel leider aus", bemerkte er bedauernd. „Dummkopf", keuchte Tim. „Och, jetzt sei doch nicht gleich so beleidigt", meinte Liam selbstgefällig, „es kann nun mal nicht jeder gewinnen."

Mit diesen Worten flitzte er weiter, immer tiefer in den Wald hinein. Es musste hier irgendwo sein. Er war mitten in ihrer Zone. So schwierig konnte es doch nicht sein, eine Platte zu finden.

Sie hatten ihre Scheibe in einem Spalt zwischen den Wurzeln eines massiven Baums versteckt. Die würden sie so schnell nicht entdecken. Rot, er musste etwas Rotes suchen.

Es war aber alles grün, so weit sein Auge reichte. Vielleicht war es doch schwieriger, als er vermutet hatte. Liam schnaufte tief durch. Irgendwo musste dieser verdammte Teller sein und er würde ihn finden.

Eine Viertelstunde war vergangen, noch immer keine Spur von der Scheibe. Das konnte doch nicht sein, es war zum Verzweifeln! Er hatte schon damit angefangen, jeden Stein umzudrehen.

Ein lauter Gong ertönte. Liam zuckte zusammen und rannte darauf zu. Das Spiel war zu Ende. Hoffentlich war es jemandem von ihnen gelungen, diese verfluchte Platte zu finden.

Jubelrufe erreichten ihn. Er drehte sich um und sah einen Schwarm Game-Changer. In ihrer Mitte Nevio mit hoch erhobenen Händen, dazwischen ihre Platte. Verdammte Scheisse!

Liam wollte fluchend eine Schimpftirade ablassen, als ihm ihre Abmachung in den Sinn kam. Gleichmütig bleiben. Lächeln und nichts anmerken lassen.

Als diese Idioten gestern Nachmittag ihre Hütte geplündert und verschmutzt hatten, wollten sie direkt zurückschlagen. Aber dann hatten sie überlegt, dass es lustiger wäre, sie etwas zappeln zu lassen. Die rechneten mit einem Gegenangriff und waren verwirrt, wenn keiner kam.

So haben sie gestern Abend und an diesem Tag die Füsse stillgehalten. Heute Morgen hatte Liam bemerkt, wie sie die anderen damit aus dem Konzept brachten. Das beste war das geheimnisumwitterte *Ich-weiss-etwas-*

*was-du-nicht-weisst-Lächeln*. Das hatte denen beinahe den Stecker gezogen. Ihre angstverzerrte Ungewissheit hatte man von weitem sehen können. Es hiess ja, Vorfreude sei die grösste Freude, das funktionierte mit Angst ähnlich.

Nevio warf ihm ein hochmütiges Lächeln zu und wedelte siegessicher mit der Scheibe. Liams Faustabdruck zierte sein Gesicht immer noch liebreizend, wie auch seiner ihn. Liam sah mit verschränkten Armen zu Nevio und lächelte ebenfalls triumphierend.

Sein Lächeln war ihm augenblicklich aus dem Gesicht gewischt und für einen Atemzug spiegelte sich die blanke Angst darin. Eine Genugtuung für Liam. Sie sollten ruhig etwas weiter zappeln, zumindest bis heute Nacht.

# Kapitel 6

„He! Jetzt wach doch mal auf." Nevio gähnte verhalten und drehte sich auf die andere Seite. „Mann, du bist echt ein Siebenschläfer!" – „Lass mich in Ruhe", murmelte Nevio in sein Kissen hinein.

„Ich glaub's nicht", beschwerte sich Andrin. „Ist was?", brummte Nevio im Halbschlaf. „Ob was ist?", erkundigte sich Andrin belustigt. „Glaub mir, das willst du gar nicht sehen. Vielleicht hast du Recht, ich hätte auch im Bett bleiben sollen."

Auf einen Schlag war Nevio hellwach. „Was ist pa... was hast du denn mit deinem Gesicht gemacht?" – „Mein Gesicht? Das ist nicht mal schlimm, du müsstest Luca sehen."

Nevio schaute ihn verständnislos an. „Oh." – „Was?" – „Dich hat es noch schlimmer erwischt. War eigentlich zu erwarten gewesen." Verärgert kroch Nevio aus seinem Schlafsack und marschierte aus dem Zimmer.

Während er zum Badezimmer stampfte, kam er an den Fenstern vorbei, welche alle abscheulicher beschmiert waren als Andrins Gesicht. Er würde sie umbringen. Heute war die letzte Hütten-Inspektion.

Im Bad angekommen, stellte er sich vor den Spiegel und würde am liebsten seine Faust hineinschlagen und das Glas in tausend winzige Splitter schlagen. Diese Mistkerle.

*Spieglein, Spieglein an der Wand, wer ist der Schönste im ganzen Land? – Herr Häuptling, du bist der Schönste hier, aber Liam über den acht Wäldern bei den acht Endgegnern ist noch tausendmal schöner als du.*

*Kleine Notiz am Rande: Siehst gut aus.*

Nevio schraubte den Hahn voll auf und klatschte sich Wasser ins Gesicht. Er begann zu rubbeln und schrubben und ribbeln und rubbeln und sah immer noch genau gleich aus.

„Vergiss es", ertönte da plötzlich eine Stimme von hinten. „Wir haben es alle auch schon versucht, es geht nicht weg." Luca erschien im Türrahmen und grinste ihn an. „Andrin hat recht gehabt, du siehst echt scheisse aus."

„Danke für die Blumen", brummte Nevio gereizt. „Hey, sieh es positiv. Der Bluterguss ist jetzt immerhin nicht mehr die einzige Farbe in deinem Gesicht." – „Toll, könnte mir nichts Schöneres vorstellen", erwiderte Nevio sarkastisch. „Siehste", meinte Luca und verliess das Bad wieder.

Das einzig Positive war, dass nun immerhin die ständige Ungewissheit vorbei war. Das hat ihn fast verrückt gemacht. Dauernd dieses beschissene Grinsen, er hat die halbe Nacht kein Auge zugemacht. Sie mussten spät gekommen sein.

Ein Lappen klatschte ihm ins Gesicht. „Was soll das jetzt?", fragte er verärgert. Er hatte nicht gerade eine besonders gute Laune. „Putzen", erklärte Simon, „Hütten-Inspektion, schon vergessen?"

Verdammte Mistkerle. Wirklich. Er könnte sie totprügeln, diese Spasten. Nevio verfluchte sie während des gesamten Putzgangs ohne Pause und der dauerte wegen den bescheuerten Scheiben und dem Spiegel ewig. Danach hatte er Krämpfe in den Fingern und keine Stimme mehr.

Beim Frühstück hatte er nicht den geringsten Appetit und als sie darauffolgend zum Feld runter schritten, hatte sich seine Laune keinen Deut verbessert. Die Blödmänner amüsierten sich prächtig, als sie auf den Platz liefen, aber davon würde er sich nicht aus dem Konzept bringen lassen. Sie würden diese Kindsköpfe auseinandernehmen.

***

Er schwitzte. Es war hart. Die Sonne knallte herunter und die gaben Vollgas. Sie konnten fast nicht mit ihnen mithalten, was unter anderem daran liegen könnte, dass sie, jedes Mal wenn jemand von ihnen in ihre Nähe kam, losprusten mussten.

Sie sahen einfach zu gut aus. Man konnte es überhaupt nicht ernst nehmen. Liam versuchte es. Liam versuchte es wirklich. Aber es ging nicht. Sie hatten sich mit dieser Aktion vermutlich selbst ins Bein geschossen. Dennoch bereute er es nicht.

Der Ball wurde ihm zugespielt. Er nahm ihn an und sprintete nach vorne, der Korb kam näher. Dann stand da aufs Mal Tim vor ihm und Liam musste an Noah passen. Es gab kein Vorbeikommen.

Sekunden drauf wechselte der Ball den Besitz und ging an die Game-Changer über. Nevio preschte nach vorne und Liam konnte sich nur mit Mühe dazwischen stellen.

Als er ihm ins Gesicht sah, musste er wieder losprusten und weihte Nevio ein: „Siehst gut aus." Er bereute es definitiv nicht. „Du wiederholst dich, das stand schon auf dem Spiegel als *kleine Randnotiz,* aber das hast ja sicherlich nicht du geschrieben, hmm?", meinte der genervt. „Nein, das war bestimmt nicht ich. Aber wer auch immer es war, ist ein super Typ", erwiderte Liam. „Natürlich, sehe ich auch so", entgegnete Nevio ironisch.

„Nein, jetzt mal im Ernst, ihr seht wirklich toll aus", wiederholte Liam grinsend. „Haha, lustig, Witz komm raus, du bist umzingelt", hielt Nevio dagegen und passte den Ball Luca zu, welcher einen Korb schoss. „Kleiner Tipp vom Profi: Solltest vielleicht lieber auf den Ball, als auf mein Gesicht schauen, Vollpfosten", setzte er ihn darüber in Kenntnis und lief davon, dem Ball hintennach.

Da hatte er ausnahmsweise mal Recht. Liam war in der ganzen Woche nie so unkonzentriert gewesen wie jetzt und heute war der Tag der Entscheidung! Er musste sich zusammenreissen.

Das Spiel dauerte nicht mehr lange. Sie hatten haushoch verloren, wider Erwarten. Er bereute es.

Sie hatten ihre Chance auf die nagelneuen Handys aufs Spiel gesetzt. Wie war der Zwischenstand? Konnten sie überhaupt noch gewinnen? Fast schon ängstlich blickte er in Beats Richtung. Er würde den Punktestand sicher in Kürze verkünden.

Tatsächlich rief er in dieser Sekunde alle zu sich und bat um Ruhe. Liam war schon lange nicht mehr so hibbelig gewesen.

„Ihr fragt euch sicher, was der Zwischenstand ist", stellte Beat fest. Nein überhaupt nicht, im Grunde war es ihm scheissegal. „Aaalso ..." Wie langsam konnte man sprechen? „Es ist so, dass die Game-Changer das Basketballspiel gewonnen haben." Danke für die Info, das war ihm gar nicht aufgefallen.

„Aaaber." Jetzt kam es. Sie mussten noch im Rennen sein. „Die Endgegner haben dafür die Hütten-Inspektion wegen fettig schmierigen Fenstern der Game-Changer für sich entscheiden können."

„Yes", flüsterte Liam erleichtert. Er bereute nichts. Die Game-Changer protestierten lautstark und meinten, dass das nicht fair sei. Aber Beat liess nicht mit sich diskutieren und verschwand kurz darauf, wie immer.

„Wir holen uns diesen Preis", erklärte Liam voller Hoffnung seinen Teamkollegen. „Alleine nur deswegen, dass die ihn auf keinen Fall erhalten dürfen."

***

„Ich bin eine dreistellige Zahl." – „Gut zu wissen", meinte Simon grinsend. Nevio sah in böse an und las weiter: „Meine Hunderterstelle ist doppelt so gross wie meine Einerstelle und die Zehnerstelle beträgt das Dreifache meiner Einerstelle. Die Summe aller meiner Ziffern beträgt 12. Die Zahlen dürfen nur je ein Mal vorkommen. Welche Zahl bin ich?"

„Diese Rätsel bereiten mir Kopfschmerzen", beschwerte sich Luca. „Mir nicht", erwiderte Nevio, „aber dafür bin ich vom Rennen am Arsch." – „Wegen dieser kurzen Strecke?", fragte Luca überrascht. „Willst du mich mobben?", wollte Nevio wissen. Sie waren bereits eine halbe Stunde quer in der Gegend herumgerannt. Diese Schatzsuche nahm kein Ende und sie mussten gut sein. Auf keinen Fall durften diese Schwachköpfe gewinnen.

Nevio betrachtete schweissgebadet den Zettel. Zwölf war keine hohe Zahl, wenn die erste doppelt so gross war wie die letzte und die zweite dreimal so gross. Eigentlich kam nur ... die Vier und die Zwei in Frage. Die mittlere Zahl müsste dann eine Sechs sein. Das ging auf!

„Reich mir mal das Gerät", bat Nevio Luca und dieser händigte ihm augenblicklich das GPS-Gerät aus. Oben gab es ein Textfeld, wo er die Lösung eintippen konnte. Er schrieb 462 und sofort blinkte das Gerät auf und zeigte ihnen die nächsten Koordinaten. „Schon gelöst?", fragte Luca überrascht. „Übertreib deine Lage." Nevio grinste, bis Luca ihm das Gerät abnahm und los sprintete. Nicht schon wieder!

So ging es weiter. Nun durch den Wald, was das Rennen extrem angenehm machte. Er stolperte nur vier Mal nahezu über eine Wurzel, zwei Mal über einen Stein und ein Mal blieb er in einem Dornengestrüpp hängen. Als Luca endlich wieder zum Stehen kam, bekam Nevio fast keine Luft mehr. Er würde bei dieser Schatzsuche noch ums Leben kommen.

Um die anderen stand es ähnlich, ausser Luca hatten alle einen hochroten Kopf und pressten sich die Hände in die Seite. „Also", keuchte Nevio, „was ist das Rätsel?" Luca rollte den Zettel auf, der an einem Baum befestigt war und las: „Ihr habt zwei Seile und eine Schachtel Streichhölzer. Jedes Seil brennt in genau 60 Minuten ab, aber die Brenngeschwindigkeit ist unregelmässig. Wie könnt ihr 45 Minuten abmessen, indem ihr die Seile anzündet?" Alle sahen Nevio und Leandro an. „Ich versteh nur Bahnhof", stöhnte Luca.

Da ging es Nevio momentan leider ähnlich. Er musste nachdenken. Alle Hoffnungen lagen auf ihm. Nevio setzte sich auf den Boden und schloss die Augen.

„Was macht der denn da?", lachte Simon. „Momentan ist es eine unpassende Zeit für ein Nickerchen." – „Fresse!", schnauzte Nevio ihn an. „Ich versuche zu denken!" – „Na dann", murmelte er und blieb Gott sei Dank still.

60 Minuten. Sie mussten 45 Minuten messen. 60. Die Hälfte wäre 30. Und wiederum die Hälfte 15. 30 und 15! Er schaute zu Leandro, der ihm ebenfalls einen Blick zuwarf. „Hälfte. Hälfte", meinte auch dieser, „aber wie?" – „30. 15", bestätigte Nevio. „Wovon reden die?", murmelte Luca. „Psst!", zischten Leandro und er aus einem Mund. „Sorry", brummelte er. „Ein Seil", redete Nevio vor sich hin. „Ein Seil. Zwei Enden."

Enthusiastisch drehte er sich zu Leandro. „Ein Seil hat zwei Enden!", rief er begeistert. Leandro fing an zu grinsen. „Logisch", lachte er, während sich die anderen besorgte Blicke zuwarfen. „Könnt ihr das vielleicht erklären? Ich bin nicht gerade der Blitzmerker, wenn es um das Zeitberechnen anhand von abgefackelten Seilen geht", fragte Simon. „60 Minuten, die Hälfte ist 30 und wiederum die Hälfte ist 15. 30 und 15 gibt 45. Es ist logisch, ein Seil hat zwei Enden, dass ich da nicht früher drauf gekommen bin!" – „Ein Seil hat zwei Enden", wiederholte Simon konfus, „blöd von mir."

„Schnell, gib mir das Gerät!", rief Nevio aus dem Häuschen. Er hatte das Gefühl, dass sie nah dran waren. Sie mussten geschwind sein. Luca händigte es ihm aus und Nevio begann in Windeseile zu tippen.

*Zünde das erste Seil an beiden Enden und das zweite Seil an einem Ende gleichzeitig an. Wenn das erste Seil komplett abgebrannt ist (nach 30 Minuten), zündest du das zweite Ende des zweiten Seils an. Es wird dann in weiteren 15 Minuten abbrennen, was zusammen 45 ergibt.*

In der Sekunde, in der es grün aufleuchtete, geschah etwas Merkwürdiges. Ein Stein, der unscheinbar hinter dem Baum mit dem Zettel lag, spickte plötzlich in die Luft. Nevio sprang erschrocken zurück, als er realisierte, dass dieser Stein überhaupt kein Stein war. Es war eine Papp-Attrappe, die mit einer Schnur über einem Ast in die Höhe gezogen wurde.

Darunter befand sich ein roter Knopf. Nevio sprintete darauf zu und schlug drauf. Der Knopf blinkte und erlosch. Gleichzeitig kam Sven hinter einem Gebüsch hervor, in der einen Hand die Schnur, in der anderen ein GPS-Gerät. Er klatschte freudig in die Hände und verkündete stolz: „Gratulation, ihr habt die Schatzsuche erfolgreich abgeschlossen!" Hoffentlich schnell genug.

\*\*\*

In der Stille hätte man eine Stecknadel fallen hören können. Sie sassen angespannt den Game-Changern gegenüber und lauschten Beats Vortrag. Oder sollten es zumindest, er wusste nicht, was die anderen machten, aber Liam hörte nicht hin. Seine Gedanken waren woanders.

Hatten sie gewonnen? Sie mussten einfach gewonnen haben. Er wollte diese Handys. Und der Pokal war ebenfalls reizvoll, wie er glänzte im Sonnenlicht. Die anderen durften nicht gewinnen. Das wäre nicht fair. Sie waren sooo viel besser als die.

„Tolle Woche. So viel Engagement und Motivation ..." Er würde das nicht ertragen. Er war scharf auf den Preis und vor allem die Ehre, er wollte triumphieren. „100 Prozent Einsatz ..." Wie lange konnte dieser Mann labern? „Jeder von euch konnte sich einbringen, super Gruppensolidarität. Wirklich spitze ..." Ja, ja, das war ja alles schön und gut, aber konnte er bitte zum Punkt kommen? „Weiter so ..." Come on!

Liam platze fast vor Anspannung. Wenn der Mann seinen Monolog nicht sofort beendete, würde er in die Luft fliegen und in tausend Stücke explodieren. „Aber um zum Schluss zu kommen." Ja, endlich. „Es interessiert euch sicherlich, wer der Sieger ist." Noch so eine schlaue Aussage. Nein, überhaupt nicht. Er hatte sich nur eine Woche den Arsch für diesen Wettbewerb aufgerissen, aber der Sieger? Das war doch unwichtig. So ein Pokal und Edelhandy wurden voll überbewertet.

„Aaalso ..." Jetzt fing das wieder an. „Die Siegergruppe nach dieser Woche des Wettkampfs in den unterschiedlichsten Disziplinen iiist – Trommelwirbel ..." Er klopfte auf seine Oberschenkel, liess es aber nach kurzer Zeit bleiben, da niemand einstieg. „Die ENDGEGNER!"

Es dauerte eine halbe Sekunde, bis der Name zu Liam durchdrang. Dann sprang er auf und boxte in die Luft. Gefolgt von seiner Gruppe. Die Jubelrufe kamen der Lautstärke der Boxen in der Bar eines Turnfests gefährlich nahe. Sie klatschten sich gegenseitig ab und riefen, dass sie die Geilsten und Besten und sowieso die Champions sind. Das Gefühl war unbeschreiblich und hielt lange an.

Noch eine Stunde später, als sie ins Wasser ihres Sees sprangen, strahlten sie wie neun Honigkuchenpferde. Liam verspürte ein Gefühl von Leichtigkeit und Zufriedenheit, er war mit seiner Situation vollkommen im Einklang und empfand eine innere Wertschätzung. Er war seit Jahren nicht mehr so entspannt und sorglos gewesen. Ein Energieschub voller Motivation und Tatendrang erfüllte seinen Körper und er spürte eine wohlige Wärme im Brustbereich. Er konnte gar nicht mehr aufhören zu lachen.

So bombastisch hatte Liam sich nie zuvor gefühlt. Sie hatten diese Loser besiegt und alle ein nigelnagelneues, extrem teures Smartphone und einen Pokal gewonnen.

Absolut nichts konnte seine positive Laune zunichtemachen.

\*\*\*

„Wir holen uns, was uns gehört", brummten sie alle einstimmig. Sie waren viel besser als die anderen, die hatten es überhaupt nicht verdient, zu gewinnen. Die hatten bestimmt geschummelt bei der Schatzsuche, wäre nicht das erste Mal. Er würde es ihnen zutrauen.

Nevio holte den Graffitispray aus ihrer Hütte, welchen sie gestern dort zufällig gefunden hatten. Den konnte er jetzt gebrauchen. Er wollte ihre ganze Hütte vollsprayen. Diese miesen Betrüger. Er hasste sie abgrundtief.

Ohne sich nochmals abzusprechen, hetzten sie in den Wald hinein. Sie sprinteten den gesamten Weg und seine Wut wuchs mit jedem Schritt. Sein Herz begann zu rasen und seine Muskeln verkrampften sich unangenehm. Seine Atmung wurde unkontrolliert schnell und flach und eine Hitzewallung breitete sich in seinem Körper aus. Nevio hatte den Drang etwas zu zerschlagen und dieser Drang war so gross, dass er alles andere vergass. In seinem Kopf wirbelte alles herum, er konnte keinen klaren Gedanken fassen. Da war nur dieser Wunsch nach Vernichtung. Er würde sie verprügeln und ihre Hütte zerstören.

Sie waren nicht da. Die Tür war verschlossen, sowie alle Fenster. Aber das würde sie nicht von ihrem Vorhaben abhalten. Nevio nahm einen Stein und schleuderte ihn durchs Fenster. Das Glas brach in einem Regen aus Splitter und schon dieser winzige Schaden erfüllte ihn mit Genugtuung.

Nevio öffnete das Fenster durch die entstandene Bruchstelle, kletterte hindurch und sah sich in der Hütte um. Ohne zu Überlegen lief er ins Schlafzimmer und schmiss ihre Kleider aus dem Fenster in den Dreck hinaus. Geschah ihnen recht.

Luca stiess zu ihm und gemeinsam fanden sie die Handys. „Die gehören rechtmässig uns", verkündeten beide gleichzeitig. Sie nahmen eine herumliegende Tasche auf und verstauten die Edelhandys darin. Dann verliessen sie das Schlafzimmer und traten in das komplett verwüstete Wohnzimmer.

Die Tische und Stühle waren umgekippt, in der Küche lief das Wasser über und es stand nur so vor Dreck. Zufrieden ging Nevio nach draussen und nahm die mitgebrachte Spraydose hervor.

*IHR NENNT EUCH ENDGEGNER?*
*IHR SEID GEGNER AM ENDE!*

Dies sprayte er quer über die Vorderseite der Hütte. Als er wieder aufschaute, sah er, dass die anderen alle Kleider, die er aus dem Fenster geschmissen hatte, aufgesammelt hatten und damit einen Haufen vor der Hütte bildeten.

„Schaut in der Hütte nach Benzin", befahl Simon und betrachtete mit funkelnden Augen den Kleiderhaufen.

„Wir brennen alles nieder", verkündete Nevio und lief auf ihn zu. „Aber sowas von", meinte Luca.

Kurz darauf kam Nils mit einem Kanister Benzin angelaufen und übergab ihn Luca, welcher die Kleider damit tränkte. „Wir brauchen eine Streichholzschachtel", brummte Nevio und Nils sprang erneut los.

Nach einiger Zeit kam er schweratmend herbeigestürzt und hielt ihm eine Schachtel entgegen. Nevio nahm sie ihm ab und lief zum Kleiderhaufen. Dann öffnete er die Schachtel und fischte ein Streichholz heraus. Damit strich er am Rand der Box entlang und schaute auf die Flamme, die wie seine Wut brannte.

Er hielt das Hölzchen über den Haufen und betrachtete einen Moment das kleine Flämmchen, das gleich so viel grösser sein würde.

Dann liess er das Streichholz fallen.

\*\*\*

Zuerst roch Liam das Benzin. Dann sah er die Flammen. Daraufhin den Schriftzug und das zerbrochene Fenster. Wutentbrannt sprang er durch die Öffnung in die Hütte und ab ins Schlafzimmer. Die Handys waren weg, einfach nicht mehr da. Verschwunden. Diese verdammten Arschlöcher! Er würde sie umbringen.

In der Zwischenzeit hatte Jonas das Feuer gelöscht. Sie versammelten sich um den Aschehaufen. „Und?", fragte Gian. „Fort", antwortete Liam knapp. Und dann ohne, dass sie irgendetwas gesagt hätten, drehten sie sich alle synchron um und jagten in den Wald hinein.

Wie konnten sie bloss so dumm sein und die Hütte unbewacht lassen? Es lag ja auf der Hand, dass diese schlechten Verlierer etwas unternehmen würden. Aber in seiner Euphorie hatte er nicht daran gedacht.

Erneut peitschten ihm Zweige und Blätter entgegen. Langsam wurde es zur Gewohnheit. Er musste damit aufhören. Aber momentan dachte er nur an sein Ziel. Die Hütte dieser ... dieser ... er fand nicht mal mehr einen passenden Ausdruck.

Liam kam als Erster bei der Hütte an. Keine grosse Überraschung. Er las mehrere Steine auf und schleuderte sie auf das Fenster des Wohnzimmers. Waren die Schlaftabletten bereits am Pennen? Die Dämmerung hatte eingesetzt.

Das Fenster ging auf. „Gibt's ein Problem?", fragte die penetrante Stimme von Nevio, der seinen Kopf hinausstreckte. Allein der Klang dieser Stimme brachte Liam zur Weissglut. Er fing unkontrolliert an zu zittern, als sich seine innere Unruhe ausbreitete und sich sein ganzer Körper anspannte. Nevio konnte gerade noch rechtzeitig einem Stein ausweichen, der ihn haarscharf verfehlte und in die Hütte donnerte.

„Ihr verdammten Idioten, gebt sie zurück!", schrie Liam wutentbrannt. „Keine Ahnung, wovon du sprichst", meinte Nevio gähnend, „da musst du dich schon etwas gekonnter ausdrücken." – „Trottel, du weisst genau, wovon ich spreche."

Der Rest seiner jämmerlichen Gruppe gesellte sich zum Fenster und starrten ihn an. „Wo drückt der Schuh?", erkundigte sich Simon besorgniserregt und alle lachten. „Ja, ja, lacht nur, ich werde euch vernichten!", spuckte Liam mit rasendem Herzen. „Vernichten?", fragte Luca irritiert nach. „Zu Brei schlagen", spezifizierte er sich. „Allein gegen elf?", spöttelte Luca. „Naja, du kannst es versuchen."

„Er ist nicht allein", meldete sich Gian hinter ihm, der wie der Rest seiner Gruppe schnaufend ankam. „Oh ho, da bekommt man fast schon Angst", meinte Nevio sarkastisch. „Das merkt man, sonst würdet ihr euch nicht im Haus verstecken", höhnte Noah.

„Ihr wollt es wirklich mit uns aufnehmen?", fragte Nevio drohend. „Das macht ihr nicht zweimal." – „Nein, nicht zweimal. Gegen Verletzte kämpfen wir nicht", konterte Gian. „Wir werden ja sehen, wer als Verletzter hervorgeht", bemerkte Luca und sprang aus dem Fenster, direkt auf Liam zu.

Bevor er reagieren konnte, landete die Faust schon in seiner Magengrube. Liam stolperte zurück und startete einen Gegenangriff. Während sie umeinander herumtänzelten, kamen immer mehr aus der Hütte und er sah aus dem Augenwinkel, dass weitere Kämpfe begannen.

Seine Wut brodelte wieder auf und er liess seine ganze Energie an Luca raus. Sie schlugen massiv auf sich ein und er konnte schon bald nicht mehr denken. Sein einziger Gedanke war, dass er sie alle erledigen wollte, so wie sie ihre Hütte verunstaltet und ihre Kleider vernichtet hatten.

Er war so aggressiv und voller Feuer, dass Luca keine Chance hatte. Er brauchte immer länger fürs Aufstehen, bis er bald liegenblieb. Liam liess von ihm ab und suchte Nevio. Er wollte ihn zerstören. Den verfluchten Boss der verdammten Game-Changer.

Nach einiger Zeit entdeckte er ihn im Gerangel und sprintete auf ihn zu. Mit Schwung riss er Nevio zu Boden und begann auf ihn einzuschlagen. Er konnte sich nicht wehren und lag nur da, während Liam auf ihn einhämmerte.

Was für eine Genugtuung. Immer mehr und immer fester. Irgendwann rührte Nevio sich nicht mehr, aber Liam boxte wie im Rausch weiter. Er konnte nicht stoppen. Unter Kontrolle hatte er sich schon lange nicht mehr.

Bis der Schrei kam. „Spinnst du?!" Simons Stimme zitterte nur so von Angst, Ungläubigkeit, Schock und Wut. Liam erstarrte mitten in der Bewegung, mit erhobener Faust, die erneut aufs Gesicht eindreschen wollte. „Willst du ihn umbringen?"

In einem Schwung stand er auf und starrte auf Nevio hinunter. Oder was von ihm übrig blieb. Hat er dies alles angerichtet? Was war bloss in ihn gefahren? Liam konnte den Anblick nicht ertragen und drehte sich ungelenkig weg, wie eine Marionette, die die Kontrolle wieder selbst übernehmen musste.

Dann sprintete er, ohne sich umzuschauen, in den Wald hinein. Liam hörte, wie die anderen ihm folgten, aber er drehte sich nicht. Er wollte allein sein. Oh Gott. Was hatte er getan? Er hatte beinahe einen Menschen umgebracht.

# Kapitel 7

Das Wasser glitzerte in der Sonne wie ein Perlenteppich. Es strahlte solchen Frieden aus, dass er gerne hineingehen und nie mehr rauskommen wollte. Aber dann müsste er sich bewegen. Nevio keuchte, der Weg zum See war viel zu lang gewesen. Das Schlimmste war jedoch die Ankunft, obwohl er sich auf die eigentlich gefreut hatte. Denn dann sah er sie: Neun Jungs, auf Strandtüchern in der Sonne liegend, mit verspiegelten Sonnenbrillen, Badehosen, roten Rücken und beknacktem Grinsen. Am liebsten hätte er gleich kehrtgemacht.

Seine Gruppe folgte seinem Blick und sie blieben abrupt stehen. Luca drehte sich zu ihm und fragte besorgniserregt: „Sollen wir wieder gehen? Wir können es uns auch bei unserer Hütte gemütlich machen." Nette Anfrage und verlockender Vorschlag. Aber dann müssten sie den ganzen Weg zurücklaufen.

Das würde Nevio nicht schaffen, sein gesamter Körper schmerzte höllisch. Er musste sich dringend hinsetzen. Nevio schaute zu seiner Gruppe und brachte ein Lächeln zustande. „Wir lassen uns doch von denen nicht vertreiben", meinte er trotzig und breitete sein Tuch demonstrativ am See aus. „Du hast Recht", stimmte ihm Simon grinsend zu und gesellte sich wie der Rest der Gruppe zu ihm.

Sollen diese Blödmänner sich doch in ihrer Nähe herumtreiben und sie dumm anglotzen, sie würden sich den Tag deswegen nicht verderben lassen. Obwohl der für Nevio schon beim Aufwachen verdorben war, so hatte er sich den Start in die dritte Woche nicht vorgestellt. Die Geschehnisse der letzten Nacht machten sich nicht gerade zurückhaltend spürbar.

Er hatte schemenhafte Erinnerungen an zuckende Bewegungen, ein Gerangel und Liam, der auf ihn zuschoss. Dann war alles schwarz geworden.

Seine Kollegen und die Mitglieder der anderen Gruppe hatten, was sie ihm mehrmals versicherten, ebenfalls Kampfspuren. Aber Nevio hatte es mit Abstand am schlimmsten erwischt. Wegen Liam, diesem Arschloch. Nevio konnte sich nicht mal wehren, er hatte keine Chance gegen diesen Muskelprotz gehabt und wäre um ein Haar zu Tode geschlagen worden. Dieser gewalttätige Strohkopf hatte sich überhaupt nicht unter Kontrolle gehabt.

Eine leise Stimme in seinem Gehirn flüsterte, dass Nevio in der Sache nicht unschuldig war. Immerhin hatten sie die neuen Smartphones gestohlen und ihre Kleider verbrannt und vielleicht noch ein Fenster eingeschlagen und die Hauswand beschmiert. Aber das tat nun wirklich nichts zur Sache. Die Endgegner waren brutale Spinner. Seine Meinung. Und eine Tatsache.

„Wir gehen ins Wasser, kommst du mit?" Nevio schreckte auf und schaute in Leandros Gesicht. „Nein, geht ruhig ohne mich, ich erhole mich etwas", erwiderte er und seine Gruppe entfernte sich. Er guckte ihnen verbittert nach. Ins Wasser würde er ebenfalls gerne, aber ihn schmerzte zu viel, um sich zu bewegen. Sein gesamter Körper pochte unaufhörlich und verhinderte, dass Nevio einen klaren Gedanken fassen konnte. Ausserdem war er ungewöhnlich schlapp und schon die kleinste

Bewegung kostete ihn ungeheuer viel Kraft. Alles wegen Liam. Hatte er schon erwähnt, dass der ein gewaltbereiter Irrer war und er ihn hasste?

Verstohlen sah er zu den Endgegnern hinüber. Meinte er es nur, oder schaute Liam ebenfalls zu ihm? In seinem Blick lag etwas wie Reue oder Scham, aber das bildete sich Nevio bestimmt nur ein. Als Liam seinen Blick bemerkte, drehte er sich schnell weg und beobachtete eine Ente, die aus dem Wasser watschelte.

Diese wurde nun auch von Nevios Augen verfolgt und dies war sein Nachmittag. Er observierte Enten, Schwäne, Libellen und Bienen. Nevio könnte glatt zu den Tierforschern übergehen.

So langweilig war es gar nicht. Vor allem, da die Endgegner nach einiger Zeit wegstolzierten, wobei er erneut Liams Starren auf sich spürte, und seine Schmerzen allmählich etwas nachliessen. Alles in allem fühlte er sich gegen Abend so fit und motiviert, dass er sogar die Kraft aufbrachte, doch noch ins Wasser zu staksen, was sich lohnte!

Denn sein Körper wurde etwas gekühlt. Das liess seine Prellungen jubeln und so war er auf dem Rückweg etwas besserer Laune. Heute würde es einen Kinoabend mit Buffet geben. Ihre Aufseher hatten extra einen Raum mit Leinwand und Beamer für sie gemietet und angekündigt, dass sie alles für sie vorbereiten würden.

Darauf freute Nevio sich unheimlich, da sie einen coolen Film organisiert hatten. Es würde ein gemütlicher Abend werden. Das nahm er zumindest an, bis sie dort ankamen. Seine Freude schlug augenblicklich um und seine Laune befand sich wieder im Keller. Was machten die denn da?

***

Das durfte doch nicht wahr sein. Sie waren ebenfalls hier? Auf keinen Fall hatten sie das Recht dazu, ihm den heutigen Abend zu versauen. Nicht nach diesem Nachmittag und dem gemeinsamen Filmabend gestern Abend. Der Film war klasse gewesen, ebenso das Buffet, aber ihre Anwesenheit hatte ihn gestört. Sie waren ihm ein Dorn im Auge.

Sein Blick glitt erneut zu Nevio. Langsam war es ein Tick, den er nicht umgehen konnte. Er sah besser aus. Zum Glück. Jedes Mal wenn er ihn anschaute, erinnerte er ihn an den schlimmsten Fehler, den er je begangen hat. In seinem Leben hatte er schon viele Sachen bereut, aber nicht annähernd in diesem Ausmass. Am liebsten würde er die Zeit zurückdrehen und dieses Ereignis ungeschehen machen.

Noch nie hatte er solche Scham und diese tiefe, unbändige Reue verspürt. Jedes Mal wenn er daran dachte, könnte er im Erdboden versinken und nie mehr auftauchen.

„Nicht die schon wieder", murmelte Noah verächtlich und liess Liam zurück in die Gegenwart kommen. „Können die den Match nicht woanders schauen?", stimmte ihm Gian zu. Der Match! Liam war wieder voll da. Obwohl er überhaupt keine Lust auf die anderen hatte, kam er nicht drum herum, dass es ihn vor Freude nur so kribbelte.

Er hatte wochenlang auf diesen Tag gewartet, dieses Datum rot im Kalender angestrichen. Den 14. Juli: EM-Finale! Spanien gegen England. Natürlich war er für Spanien, die Engländer hatten es gar nicht verdient, überhaupt ins Final zu kommen. So schlecht wie die gespielt hatten.

Und sie haben die Schweiz rausgekickt! Die durften auf keinen Fall gewinnen. Da waren sie sich alle einig. Liam fragte sich, wie die Game-Changer das sahen. Die waren so blöd, dass sie sogar für England sein könnten.

20:55 Uhr. Noch fünf Minuten. Gleich würde es beginnen. Liam setzte sich hibbelig auf die Bank in der vordersten Reihe, wobei es ihm sogar egal war, dass Nevio auf der gleichen Bank direkt neben ihm sass. Er wollte eine gute Sicht.

21:00 Uhr. Anstoss. Das Spiel begann. Liam verfolgte das Geschehen und wendete kein einziges Mal seinen Blick ab. Hoffentlich würden sie die Engländer besiegen. Bitte. Bitte. Das wäre so schön.

Es gab ein paar Angriffe, Liam fieberte jedes Mal mit, aber der Ball wollte nicht ins Goal. Dann geschah es. Die Spanier stürmten mit dem Ball nach vorne und passten sich zu. Kurz vor dem Goal einen Pass an Williams, er schoss an allen vorbei und TOR! TOR für Spanien! Siebenundvierzigste Minute.

Liam sprang wie der Rest der Gruppe auf und applaudierte. Sowohl Endgegner als auch Game-Changer jubelten laut. Mit Herzklopfen verfolgte Liam den weiteren Spielverlauf. Die Spanier brachten vollen Einsatz. Sie würden gewinnen. Er wusste es. Das mussten sie.

Doch dann kam England wieder in den Ballbesitz. Sie sprinteten nach vorne, ein eleganter Rückpass, Schuss von Palmer. NEIN! Wieso denn? Im Raum ertönten Buhrufe, die gleichen Laute, die sie letzte Woche gegeneinander ausgestossen hatten, riefen sie nun gemeinsam. Ausgleich.

Egal, sie würden das rumreissen. Da kommen sie schon wieder. Angriff von Spanien, – und abgefangen! Mann, er hasste diesen englischen Torhüter. Sie würden es schaffen. Er betete gen Himmel.

„TOR! TOR!" Liam brüllte sich beinahe die Seele aus dem Leib. Das kam aus dem Nichts. 2:1 für Spanien! Er sprang in die Luft und führte einen Freudentanz auf und dabei war er nicht der Einzige. Er war so glücklich, dass er sogar Nevio, der neben ihm stand, freudestrahlend ein High-Five gab, was diesen ein wenig überrumpelte.

Das Spiel ging in die Endphase über. Die Engländer versuchten es. Gleich drei Kopfbälle auf das Goal, alle abgewehrt. Geschah ihnen recht. Die Zeit verstrich. Liam stand unter Strom. Spanien musste jetzt gut verteidigen. England durfte keinen Angriff mehr starten. Konnte der Schiedsrichter nicht einfach abpfeifen?

Es zog sich in die Länge. Zähe Zeit. Dann, endlich, nach einer gefühlten Ewigkeit, war es so weit! Er pfiff ab. Liam konnte es kaum glauben. Spanien war Europameister! England hatte verloren! Besser hätte es nicht laufen können.

*** 

Was war das Problem? Beat, der Lagerdirektor und Schiedsrichter der letzten Woche, drehte den Wasserhahn auf. Wenn er hier war, musste es ernst sein. Er liess sich nie blicken. Sie alle starrten auf den Hahn, doch es passierte nichts. Kein einziger Tropfen Wasser kam heraus.

„Wir haben ein Problem mit dem Trinkwasser", erklärte Beat. „Das Problem ist jedoch nicht auffindbar und wir brauchen etwa 25 Personen, dann könnten wir die Gegend absuchen." – „Überhaupt kein Problem", warf Andrin ein, „wir können helfen." Nevio nickte und schaute zu den Endgegnern, die, wie sie, im Kreis um Beat herumstanden. „Wir auch", rief Liam und blickte zu ihm. Nevio fand das ein wenig eigenartig, wieso guckte er immer wieder in seine Richtung? Vorgestern beim EM-Finale hatte er ihm sogar ein High-Five gegeben. Ein High-Five! Das musste man sich mal vorstellen.

„Danke, das hilft uns sehr", meinte Beat, „dann schlage ich vor, dass wir das Gebiet in vier Bereiche teilen und ihr euch circa zu fünft auf den Weg macht. Was sagt ihr dazu?" Es gab zustimmendes Gemurmel und so machte sich Nevio mit Luca, Simon, Leandro, Andrin und der Aufsichtsperson Sven vom Acker.

Sie suchten lange, bestimmt eine Stunde, fanden jedoch nichts. Die Wasserversorgung in den Bündner Bergen könnte besser sein. Als sie sich wieder mit den anderen trafen, tauschten sie die schlechten Neuigkeiten aus. Niemand hatte etwas Brauchbares gefunden. Ausserdem war es verdammt heiss. Sie kamen ins Schwitzen und zu allem Übel zog noch der Durst auf. Nevio hatte, wie die anderen Game-Changer, zum Glück eine gefüllte Flasche, obwohl die nicht mehr lange voll sein würde. Die Endgegner hingegen hatten nichts und sahen richtig fertig aus. Hoffentlich fanden sie das Problem bald.

Gian schlug vor, dass sie ja mal in den Tank schauen konnten, ob es dort Wasser drin hatte. So bestiegen sie die zuggrosse Büchse mit einer aufgetriebenen Leiter und starrten oben rein. „Es hat Wasser!", rief Noah erfreut und sie kletterten wieder nach unten. „Wir müssen irgendwie den Wasserhahn reinigen", bemerkte Nevio. „Wie?", fragte Aaron. „Ich habe ein Sackmesser", verkündete Fabian und fummelte in seiner Tasche herum. Kurz darauf hielt er strahlend das weltberühmte, rote Schweizer Sackmesser in der Hand.

„Gib mal her", bat Liam und Fabian überreichte es ihm mit anfänglichem Zögern. Liam nahm es entgegen und begann damit, den Wasserhahn auszukratzen.

Sie sahen ihm zu, wie er sich abmühte. Es schien eine Ewigkeit zu dauern. Nach zehn Minuten trat Luca vor und streckte die Hand aus. „Komm, ich lös' dich ab", erklärte er dem verdutzten Liam. Er händigte ihm das Messer aus und stellte sich nassgeschwitzt zu ihnen in den Schatten. Nach weiteren zehn Minuten ging Noah nach vorne und abermals zehn Minuten später löste Nevio ihn ab.

Diese Hitze war ja unerträglich und dann war langsam auch noch sein Hals ausgetrocknet. Er brauchte etwas zu trinken. „Sind diese Felsbrocken dort hinunter gestürzt?", fragte Gian plötzlich. Die beiden Gruppen sahen auf einen Punkt hinter dem Wassertank, den Nevio von seinem Standpunkt nicht sehen konnte. „Sieht so aus", erwiderte Leandro. „Komm, das schauen wir uns an." Sie machten sich, gefolgt von ein paar anderen der beiden Gruppen, auf den Weg.

Nevio hörte, wie etwas weggeräumt wurde, sah aber nichts. Nach einiger Zeit kamen sie zurück und sagten, dass sie das Problem behoben haben. Toll, dachte Nevio, blieb nur das Problem mit dem Wasserhahn. Aber er hatte das Gefühl, dass er es bald geschafft haben würde.

Siehe da: Das Wasser floss wieder! Er hatte sich über den Anblick von blossem Trinkwasser noch nie so gefreut. Nevio stieg in die Freudenrufe der anderen ein und sie klatschten sich gegenseitig ab, egal von welchem Team. Dann trat Nevio nach hinten und sagte etwas, von dem er selbst überrascht war: „Die Endgegner können zuerst trinken, sie hatten schon länger nichts mehr."

Liam, sowie der Rest seiner Gruppe, schaute ihn dankbar an, bevor sie sich aufs Wasser stürzten. Wieso hatte Nevio das gesagt? Er hasste die Endgegner doch, oder etwa nicht mehr? Was hatte sich an ihrer Beziehung verändert und wann? Nein, es hatte sich nichts verändert. Er mochte sie nicht. Vielleicht hatte er einfach einen kurzen Moment Mitleid mit ihnen gehabt. Mitleid mit der Gruppe, dessen Boss ihn verprügelt hatte. Was lief falsch bei ihm? Konnte Nevio sie jetzt noch wegstossen und sich zum Wasserhahn durchschlagen?

Doch nun waren schon sie an der Reihe. Nevio genoss jeden Schluck. Es war herrlich, so klares, kühles Wasser. Was wollte man mehr?

***

Er verschluckte sich und spuckte das Wasser, welches er soeben trinken wollte, auf den Boden. Liam musste sich verhört haben. „Wie bitte?", fragte Gian neben ihm. Hatte er dasselbe gehört? Es musste ein Missverständnis sein.

„Die erste Viererguppe ist Nevio, Luca, Liam und Gian", las die Frau nochmals. Es waren dieselben Worte wie vorher. „Das geht nicht", meldete sich Nevio und dieses eine Mal waren sie derselben Meinung. Die Frau blickte ihn verwirrt an, las aber die restlichen Gruppen vor. Alles gemischte Teams.

„Völlig ausgeschlossen", bemerkte Luca, als sie zu Ende gelesen hatte. „Niemals", bestätigte Liam. „Tut mir leid, das sind nun mal die Gruppen", erklärte die Frau, „stimmt etwas nicht?" – „Ob etwas nicht stimmt?", fragte Luca aufgebracht. „Ich will doch keine Kriminelle in der

Gruppe." – „Wir wollen keine Versager", pflichtete Gian ihm bei.

„Sorry, die Gruppen können nicht geändert werden", meinte die Frau bedauernd. „Ich weiss zwar nicht, was zwischen euch vorgefallen ist, aber ihr könnt den Raum nur in diesen Gruppen betreten. Entweder in dieser Gruppe oder keinen Escape Room."

„Lächerlich", meinte Liam, „wir können doch einfach tauschen, das macht ja keinen Umstand." – „Aus administrativen Gründen ist das leider nicht möglich", erwiderte die Frau, „ihr müsstet euch innerhalb von drei Minuten entscheiden, ob ihr die Räume in diesen Gruppen betreten wollt oder nicht, es kommen noch andere, um die ich mich kümmern muss."

Alle Augenpaare der Endgegner richteten sich auf ihn. Er sah kurz zu Nevio, auf dem die Blicke seiner Gruppe ruhten und der ebenfalls flüchtig zu ihm schaute. Dann wand er sich seinem Team zu und meinte: „Ich wollte schon immer mal in so einen Raum gehen und das ist verdammt teuer, weswegen wir die Chance hier eigentlich nutzen sollten. Obwohl natürlich die Frage auftaucht, ob es in diesen Teams lustig ist." – „Nein, ist es nicht", entgegnete Gian, „die Frage ist viel eher, ob wir es in Kauf nehmen oder nicht."

„Wieso nicht?", überlegte Liam. „Überleben werden wir's." Seine Gruppe nickte ihm zu und so gingen Gian, Nevio, Luca und er kurz darauf durch einen Gang auf eine braune, mit goldigen Mustern verzierte Tür zu. Liam öffnete sie und trat in einen Raum, der in rotgoldenen Farben gehalten war. An den Wänden hingen Wandteppiche und Gemälde mit Porträts unterschiedlicher Personen, die dem Aussehen nach dem Mittelalter entflohen waren. Im Zentrum befand sich ein grosser, steinerner Kamin, in dem ein oranges Kunstfeuer prasselte. Davor waren rote Sessel und Sofas aufgestellt, die äusserst alt aussahen. Daneben war eine hölzerne Tür.

„In welchem Gryffindor-Gemeinschaftsraum sind wir denn hier gelandet?", fragte Nevio und Liam konnte sich ein Lachen nicht verkneifen. Diese Beschreibung traf es auf den Punkt. Er schritt durch den Raum und versuchte, die hölzerne Tür zu öffnen. Verschlossen. Wäre auch zu leicht gewesen.

„Dussel, wir müssen zuerst die Rätsel lösen", meinte Nevio zu ihm. „Ein Versuch war es wert", erwiderte Liam, während Gian fragte: „Welche Rätsel?" Nevio zuckte die Schultern. „Keinen Plan, aber irgendwo wird es schon welche haben."

Sie sahen sich im Raum um, dann entdeckte Gian hinter einem Wandteppich einen Zettel. „Ich bin nicht lebendig, doch ich wachse", las er vor, „ich habe keine Lunge, doch ich brauche Luft. Ich kann leuchten, doch ich bin kein Stern."

„Ich versteh nur Bahnhof", brummte Liam. „Das ist ein Rätsel, du Trottel", klärte ihn Nevio auf. „Ach, wirklich?", fragte Liam gespielt überrascht. Darauf wäre er nie gekommen. „Nicht lebendig, aber es wächst", murmelte Gian. „Luft, aber keine Lunge", ergänzte Nevio.

Liam blickte fragend zu Luca. Rätsel waren überhaupt nicht sein Gebiet und er sah Luca an, dass es ihm ähnlich ging. Hoffentlich würden die anderen auf die Lösung kommen. „Leuchten tut viel", versuchte Liam trotzdem einen Beitrag zu leisten. „Wie zum Beispiel eine Lampe, ein Display, Sterne, ach nein die sind es ja nicht, Kerzen ..." Er könnte diese Liste lange fortsetzten, aber das würde nicht viel bringen.

„Kerzen", brummte Gian. „Luft. Es wächst. Das ist es!", rief er erfreut. „Was?", fragten Luca und Liam aus einem Mund. „Feuer. Feuer braucht Luft, es wächst und es leuchtet!" – „Klingt plausibel", stimmte Liam ihm zu. Sie sahen alle gleichzeitig zum Kamin.

„Ist es vielleicht hinter den Flammen?", überlegte Nevio. „Wie stellen wir diese ab?", erkundigte sich Luca. Sie sahen sich erneut um. Liam betrachtete die Wand hinter dem Kamin und machte nach einiger Zeit einen Korb aus. Er befand sich höher als ein Basketballkorb, war kleiner und so gut als Fackelhalter getarnt, dass er ihn fast übersehen hätte. „Seht ihr irgendwo einen Ball?", fragte er in die Runde.

„Ja, dort hinten beim Bücherregal, aber was willst du damit?", wollte Luca wissen. Liam zeigte nach oben und sie folgten seinem Blick. „Seltsam, das wäre mir nicht aufgefallen", meinte Gian, während Luca den Ball holte. „Soll ich einfach mal einen Korb schiessen?", erkundigte Luca sich. Einfach mal einen Korb schiessen? Wollte er etwa mit seinen Schiesskünsten flexen?

Luca warf den Ball und traf beim ersten Versuch. Das hätte Liam ebenfalls geschafft. Das Feuer im Kamin verschwand und gab den Blick auf drei Schalter frei. Darüber lag ein zusammengerolltes Stück Pergament. Nevio hob es auf und öffnete es. Dabei fiel ein altmodischer Schlüssel klirrend zu Boden.

„Ihr werdet gleich in einen Raum mit einer Glühbirne treten. Dort müsst ihr angeben, welcher der drei Schalter die Glühbirne zum Leuchten bringt. Sobald ihr den Raum betreten habt, könnt ihr nicht mehr zurück. Die Schalter könnt ihr beliebig oft ein- und ausschalten. Viel Glück!"

„Noch so ein Rätsel", äusserte sich Liam frustriert. Er nahm den Schlüssel vom Boden auf und öffnete damit die Tür. Konnten sie so die Glühbirne nicht sehen? Er wurde enttäuscht. Er befand sich vor einer weiteren Tür, die man mit einer Karte öffnen musste. Die Karte lag in einem Fach neben der Tür und funktionierte nicht. Das tat sie vermutlich erst, wenn die andere Tür geschlossen war.

„Wie sollen wir das rausbekommen?", fragte Luca eben so begeistert wie er. Gian und Nevio hingegen steckten die Köpfe zusammen und redeten aufgeregt aufeinander ein. Ihnen schienen diese Hirnspielchen zu gefallen. Liam schnappte einige Wörter wie Glühbirne, heiss, elektrisch und Edison, was auch immer das bedeutete, auf.

Nach etwa fünf Minuten meinte Nevio: „Ja, das ist es." Luca und er gesellten sich zu ihnen und Nevio erklärte seinen Plan. „Wir schalten jetzt den ersten Schalter ein und lassen ihn eine Weile an. Dann stellen wir in wieder ab, stellen den zweiten ein und gehen", verkündete er. „Und was soll das bringen?", fragte Liam verwirrt. Er verstand den Sinn dahinter nicht. Gian hingegen machte grosse Augen und meinte: „Das wird funktionieren."

„Könnte mich jemand vielleicht aufklären?", wollte Luca wissen, was Liam unheimlich erleichterte. Er war nicht der einzige Dumme im Raum. „Später", erwiderte Nevio und schritt nach der Umsetzung seines Plans in den Gang. Sie folgten ihm und betraten den nächsten Raum.

Der war klein, rund und ausgesprochen dunkel. Die Glühbirne, die in der Mitte des Raumes herunterhing, leuchtete nicht und so wurden die steinernen Wände nur von elektrischen Kerzen beleuchtet, die am Rand verteilt waren. Eine glatte, schwarze Tür befand sich ihnen gegenüber und wurde von einem Kasten gesichert, in den man Eins, Zwei oder Drei eingeben konnte.

„Welcher Schalter ist es denn nun?", fragte Liam die zwei Oberschlauen. Gian ging auf die Glühbirne zu, fasste sie an und verkündete: „Der erste." – „Wie willst du das jetzt wissen?", erkundigte sich Luca an Liams Stelle.

„Da die Glühbirne vermutlich warm ist", erklärte Nevio an Gians Stelle. „Wenn sie leuchten würde, wäre es offensichtlich die Zwei, wenn sie kalt wäre, die Drei und wenn sie, wie jetzt, warm ist, die Eins, da sie einige Zeit geleuchtet hat und so Wärme produzierte." Liam starrte ihn mit offenem Mund an. Er hatte nicht gewusst, dass Nevio so intelligent war.

Natürlich war die Lösung richtig und sie kamen weiter in den nächsten Raum. Das taten sie ein paar Mal, bis sie den Weg nach draußen gefunden hatten, innerhalb der vorgegebenen Zeit. Aber sie waren auch ein gutes Team, Nevio und Gian waren die Köpfe der Mission, während Luca und er das Sportliche erledigten.

Draußen angekommen, war Liam wider Erwarten gut gelaunt und richtete sich an Gian: „Ich freue mich auf den zweitägigen Ausflug." – „Was für ein zweitägiger Ausflug?", erkundigte sich Nevio forsch. „WIR fahren morgen an einen See und übernachten dort in Zelten, damit wir übermorgen in den Nationalpark bei Zernez gehen können", erklärte Liam kalt. „Wir auch", erwiderte Nevio fassungslos.

# Kapitel 8

Es rumpelte. Nevio versuchte mit aller Macht, die Flüssigkeit in seinem Körper zu behalten und schloss die Augen. Besser wurde es dadurch nicht. „Ist dir schlecht?", fragte Tim. Nevio starrte ihn an. „Mach Meldung." Er sollte Meldung machen? Wenn er kotzte oder was?

„Nee, ich wollte bei diesem Gepolter lediglich ein Nickerchen machen", antwortete er, wobei sein Mageninhalt beim Sprechen annähernd hochkam. „Dann ist gut, nicht dass du noch den Mannschaftsbus voll..." – „Man nennt es Ironie", unterbrach Nevio seine Ausführung. Wenn er jetzt vom Kotzen sprach, würde es ihn definitiv nehmen. Es war ehrenlos. Er hasste kurvige Bergstrassen, welcher Trottel hatte sich gedacht, dass das eine gute Idee war?

„Huch, dann sollte ich mich vielleicht entfernen", meinte Tim und stand auf. Sie befanden sich jedoch gerade in einer Kurve, weswegen er durch den Gang geschleudert wurde, was Nevio ein leichtes, wenn auch verzweifeltes Lachen entlockte.

Wie lange waren sie noch unterwegs? Gerade als er diesen Gedanken hatte, blieben sie stehen. Er schaute nach draussen und sah einen wunderschönen Bergsee, der von saftig grünen Hügeln umgeben war. Ihr Chauffeur stieg aus und die Gruppe folgte ihm. Nevio konnte gar nicht schnell genug aus diesem Mannschaftsbus kommen.

Die frische Luft tat ihm gut und so erholte sich sein Magen allmählich wieder. Das hob auch seine Laune, bis er einen zweiten Mannschaftsbus aufs Gelände fahren sah. Die Endgegner waren da. Sie hatten darauf bestanden, nur auf den Ausflug zu gehen, wenn die anderen nicht dabei waren und Sven und Louis hatten versichert, dass sie getrennt sein würden. Bis jetzt war das der Fall gewesen.

Egal, sie würden nichts mit denen zu tun haben. Sie drehten sich entschieden von ihnen ab und begaben sich an den See. Dort packte Marco Karten aus und sie begannen zu spielen. Den ganzen Morgen und dabei beachteten sie die Endgegner kein bisschen. Bis zum Mittag. Denn um etwa 11:00 Uhr verkündete eine Aufsichtsperson von ihnen, dass er das Mittagessen abholen würde.

Sie assen zusammen? Das konnte doch nicht wahr sein. Nevio schaute wütend zu dem Fahrzeug, das alle möglichen Geräusche von sich gab. Sehr seltsame Geräusche. Nun richteten sich alle Blicke auf den Mannschaftsbus, der für ein Konzert in der Katzenoper zu üben schien. Es war ein spektakulärer Auftritt mit dem klitzekleinen Problem, dass der Motor nicht ansprang, stattdessen buddelte er sich in den schlammigen Boden.

Sie liefen auf das Fahrzeug zu und sahen, dass die Endgegner die gleiche Idee hatten. Zusammen blieben sie vor dem Mannschaftsbus stehen und betrachteten ihn. Wieso mussten sie auch mit einem Mannschaftsbus das Essen besorgen? Sie hätten doch ein Auto mitnehmen können.

„Wir müssen ihn stossen", meldete Liam. Er lief auf den Mannschaftsbus zu, während jeder Depp sehen konnte, dass die Hinterräder zu tief waren, als dass Stossen irgendwas gebracht hätte. „Das geht nicht, du Blödmann", erwiderte Nevio und Liam kehrte wieder um. „Wieso nicht?", wollte er wissen. „Schau doch mal auf die Räder, die sind zu tief. Wir können ihn da nicht rausstossen." – „Dann ziehen wir eben", entgegnete er. Nevio wollte widersprechen, überlegte es sich aber nochmals. Das könnte tatsächlich funktionieren. „Dann bräuchten wir ein Seil", stellte er stattdessen fest. Sie sahen in einem nahegelegenen Schuppen nach und fanden sogar eines. Sachen gab es.

„Wie stellen wir das jetzt an?", fragte Tim. „Wir müssen das Seil irgendwie halbieren, das ist viel zu lang", meinte Gian. „Wir könnten es durch die Stossstange ziehen", spekulierte Leandro. „Gute Idee, das müsste funktionieren", erwiderte Nevio und ging mit dem Seil zum Mannschaftsbus. Es passte. Glück musste man haben.

„Und jetzt?", fragte Simon. „Stellen wir uns einfach in der Gruppe an die zwei Seile?" – „Das spielt doch keine Rolle", meinte Leandro, aber es kam bereits Bewegung in die Leute. Nevio sah zu Tim und überlegte: „Du solltest vielleicht ihnen helfen, da sie weniger Leute sind und du der Grösste von uns bist." Tim nickte. „Geht klar."

Als sie alle aufgestellt waren, zählten sie. „Eins. Zwei. Drei. Ziehen! Eins. Zwei. Drei. Ziehen!" Es war verdammt anstrengend. Nevio hatte das Gefühl, sich keinen Millimeter zu bewegen. Ausserdem waren sie trotz des Zählens unregelmässig. Das war kein geeigneter Rhythmus.

„Wartet!", rief er. „Alle gleichzeitig!" Sie hielten an, dann schrie Nevio: „Hau ruck!" Alle stimmten ein. „Hau ruck! Hau ruck!" Nun ging es besser voran. Langsam aber stetig bewegten sie sich nach hinten. Der Mannschaftsbus regte sich und rollte gemächlich über den matschigen Boden.

Mit geballten Kräften gelang es ihnen schliesslich, ihn aus der Mulde herauszuziehen. Das war eine Leistung. Nass geschwitzt aber glücklich schlugen sie sich auf den Rücken, sogar den Endgegnern. Immerhin hatten sie das zusammen gemeistert. Nevio grinste Gian an, der zurück feixte und meinte: „Sieht so aus, als ob wir das Seilziehen gegen den Mannschaftsbus gewonnen haben, zusammen. Kaum zu glauben." Da musste Nevio ihm zustimmen.

\*\*\*

Dank ihrer Leistung war das Problem gelöst und das Essen konnte geholt werden, was direkt zur nächsten Komplikation führte. Nicht, dass es ihnen noch langweilig wurde. Es ging darum, wer das Essen zubereiten sollte. Aaron brachte den Vorschlag, dass die eine Gruppe das jetzige Essen zubereiten könnten und die andere das Abendessen übernehmen würden. Das fanden alle eine vernünftige Idee. So besprachen sie gerade, wer wann dieses Amt auf sich nehmen würde, als der Mannschaftsbus mit dem Essen eintraf.

Liam lief, wie die anderen, auf ihn zu und begann, das Essen zu den Picknicktischen zu tragen. Als sie alles dort deponiert hatten, besprachen sie, wer das Mittagessen zubereiten sollte. Aber während der Besprechung starteten sie schon mit Schnippeln, Rühren, Waschen, Zusammenleeren und der ganzen restlichen Zubereitung. Die Jungs hatten vermutlich einen solchen Hunger wie er und wollten so schnell wie möglich mit Essen beginnen.

Dann würden sie es eben gemeinsam zubereiten, spielte ja keine Rolle. Liam begann sogar ein Gespräch mit Luca, der erstaunlicherweise überraschend nett war. Das hätte er nicht gedacht.

Als sie das Essen fertig zubereitet hatten, sass er zusammen mit Luca an einen Tisch, wobei die Anderen der beiden Gruppen ebenfalls wild durcheinandergewürfelt Platz nahmen. Ein neuer Anblick. Luca schien das Gleiche zu denken. „Hätte es nie für möglich gehalten, dass wir mal zusammen essen werden." Sie lachten darauf beide, was Liam noch mehr aus der Bahn warf. Was passierte denn hier?

Anfangs dieser Woche hatte er jeden Einzelnen der Game-Changer gehasst und nun sass er mit ihnen zusammen am Tisch. Wie war das zu Stande gekommen? Zuerst war es nur schleichend in Form von Gleichgültigkeit gekommen. Dadurch, dass sie sich diese Woche so oft gesehen hatten, hatte er sich an ihre Anwesenheit gewöhnt und kam nun nicht mehr durch ihre blosse Nähe zur Weissglut. Aber im Laufe der Zeit hatte Liam sich sogar dabei ertappt, dass er ihre Gegenwart genossen und über ihre Witze gelacht hatte. Das verwirrte ihn.

„Hast du keinen Hunger?" Liam schreckte auf und starrte Luca an. „Doch", murmelte er und begann zu essen. Er musste sich zusammenreissen.

Nach dem Essen gingen die Endgegner gemeinsam an den See. Das war gut fürs Verdauen und brachte wieder einen Abstand zwischen sie und die Game-Changer. Ein wenig in der Sonne liegen und aufs Wasser starren, das konnte er jetzt gut gebrauchen. Allerdings nicht allzu lange, da er nie stillsitzen konnte. Er musste immer etwas machen und in Bewegung sein. So beschloss Liam, ins Wasser zu gehen, und seine Gruppe folgte seinem Beispiel.

Doch gerade als er seinen Fuss ins Wasser setzen wollte, sah er sie. Eine etwa 70 Zentimeter lange, graubräunliche Schlange, die am See entlangkroch. „Eine Schlingnatter!", verkündete Aaron überrascht.

Nun war Liam plötzlich nicht mehr so scharf aufs Baden. Er trat den Rückzug an und traf auf die Game-Changer, die sich ebenfalls abkühlen wollten. „Da würde ich nicht reingehen", meinte Liam mahnend. „Wieso nicht? Bist du auf einen Krebs gestanden?", feixte Simon. „Nein, aber auf eine Schlange", konterte er. „Was?", stiessen sie synchron aus. „Du bist auf eine Schlange getrampelt?", vergewisserte sich Leandro. „Nee, hab sie bloss gesehen", entgegnete er.

„Komm, wir gehen eine Stelle weiter", schlug Noah vor. „Gute Idee", erwiderte Liam, drehte sich aber nochmals zu den Game-Changern. „Kommt ihr mit?" Er wusste nicht, wieso er das gefragt hatte. Sein Mund war schneller als sein Kopf. „Wieso eigentlich nicht?", meinte Nevio und schloss sich ihnen an. Natürlich gefolgt von seiner Gruppe.

Sie gingen ein Stück weiter und liessen sich gemeinsam an einer Stelle nieder. Dann sprangen sie ins Wasser und starteten eine Wasserschlacht. Alle gegen alle. Er hatte schon lang nicht mehr einen solchen Spass gehabt.

\*\*\*

„Sechs Heringe?" So würden die beiden Zelte nicht stehen. „Sombrero-Hülsen haben wir auch nur zwei", verkündete Fabian. „Das geht nicht", meinte Andrin. „Schaut, ob sonst noch etwas fehlt." Sie hatten keine Dachstangen, dafür unzählige normale Zeltstangen, ein Aussenzelt und drei Innenzelte. Diejenigen, die diese Zelte zuletzt benutzt hatten, mussten mies verkackt haben.

Nevio schaute nach drüben zu den anderen. Die Endgegner schienen ebenfalls ihre Schwierigkeiten zu haben und starrten verwirrt auf ihr Material. Dann sah Liam zu ihnen und ihre Blicke kreuzten sich.

„Falsches Material?", rief er. „Ja, ihr?", schrie Nevio zurück. „Ebenfalls", gab er zu. „Wir müssen tauschen", meinte Nevio. „Ja, müssen wir wohl", antwortete er und las ein paar Heringe vom Boden auf.

Die Tauschaktion fand in der Mitte der beiden Zeltplätze statt. Zügig wurde das Material ausgetauscht, sodass sie danach ihre zwei Achterzelte aufbauen konnten. Nevio war kein begabter Zeltaufsteller, aber Andrin und Marco kannten sich mit den Pfadi-Zelten aus.

Nach einer halben Stunde standen die orangen Zelte, gerade als der Mannschaftsbus losfuhr, um das Abendessen zu besorgen. Oder es zumindest versuchte. Es folgte eine bekannte Szene. „Nicht schon wieder", murmelte Joel und Nevio konnte ihm nur zustimmen.

Die Endgegner hatten es ebenfalls bemerkt und liefen auf den Mannschaftsbus zu, obwohl bei einem ihrer zwei Spatzen-Zelte noch das Aussenzelt fehlte. Nevio schloss sich ihnen an, gefolgt von seiner Gruppe.

Dieses Mal brauchten sie nicht zu diskutieren, sie kannten das Vorgehen. Sie besorgten erneut das Seil aus dem Schuppen und zogen es durch die Stossstange.

Dann stellten sie sich auf die beiden Seiten, teilten sich dabei aber nicht nach Gruppen auf. Es spielte so oder so keine Rolle.

Vor einer Woche hätte er anders gedacht. Dort zogen sie gegeneinander an einem Seil, während sie nun gemeinsam ihre Kraft einsetzten, gegen diesen verdammten Mannschaftsbus.

Er wusste nicht, wieso sich seine Gefühle gegenüber den Endgegnern verändert hatten. Mittlerweile kam er mit ihrer Anwesenheit klar und freute sich sogar manchmal darüber. Es war eine komplett andere Dynamik, als wenn Nevio bloss in seiner Gruppe war. Liam gegenüber hatte er aber gemischte Emotionen. Zum einen konnte er ihm noch nicht verzeihen, zum anderen sah er nun durchaus auch seine positive Seite.

„Hau ruck! Hau ruck!" Nevio wurde aus seinen Gedanken gerissen und lehnte sich ins Seil. Nach einiger Zeit gelang es ihnen erneut und obwohl sie es schon mal geschafft hatten, freuten sie sich wieder und schlugen beieinander ein. Die meisten waren überraschend freundlich. Er traute dieser Sache nicht so ganz. Woher kam diese Nettigkeit?

Nevio dachte noch immer darüber nach, als die Essenslieferung eintraf und sie abermals damit begannen, die Zutaten auszuladen und das Essen vorzubereiten. Da sie das heute Mittag zusammen erledigt hatten, mussten sie es fast wieder so machen. Ätzend. Er hatte überhaupt keinen Bock.

So schlimm war es jedoch gar nicht. Es war sogar ein richtiger Vibe. Die Aufsichtspersonen liessen Musik laufen und Nevio plauderte mit Gian und – wer's glaubte, wurde selig – mit Liam. Obwohl der grösstenteils mit

Luca sprach. Die zwei Sportler hatten sich irgendwie gefunden. Sachen gab es, die gab es gar nicht.

***

Kaum zu glauben. Es war der 20. Tag. Liam hatte das Gefühl, erst gerade angekommen zu sein, und jetzt würden sie übermorgen schon wieder gehen. Schade, er wäre gern länger geblieben.

„Immer dieses frühe Aufstehen", grummelte Gian neben ihm. „Es ist sieben Uhr, zuhause stehe ich jeweils eine Stunde früher auf, um noch Morgensport zu machen", entgegnete Liam. „Es sind eben nicht alle auf den Kopf gefallen", erwiderte Gian und schleifte sich aus dem Zelt.

Liam schmunzelte und schaute zu Jonas, Julian und Finn, die ihre Rucksäcke für den heutigen Ausflug packten. Er freute sich riesig, das würde nice werden. Unberührte Natur, ein wenig Wandern, herrlich! „Wir sollen in einer halben Stunde vorne beim Mannschaftsbus sein!", rief Aaron, der mit Jan gesprochen hatte. „Ist gut", murmelte Liam und begann ebenfalls zu packen.

Nein, absolut nichts war gut. Noah stupste ihn an. „Hat er soeben *funktioniert nicht* gesagt?", vergewisserte er sich. Liam nickte, das hatte er auch so verstanden.

Sie hatten sich vorne beim Mannschaftsbus in Anwesenheit der Game-Changer, Aufsichtspersonen und Beat eingefunden. „Tut mir leid", redete Beat weiter. „Was soll das heissen, *funktioniert nicht*?", fragte Liam.

Beat sah in bedauernd an. „Wie wir bereits gestern festgestellt haben, ist der eine Mannschaftsbus, der der Endgegner, etwas unzuverlässig, er würde es nicht bis Zernez und auf den Lagerplatz zurückschaffen." – „Und was bedeutet das jetzt?", erkundigte sich Julian. „Dass wir den Ausflug vielleicht besser auslassen sollten", erwiderte Beat. „Auslassen?", wiederholten einige, inklusive Liam, schockiert. „Ja, es sei denn, ihr teilt euch den Mannschaftsbus", meinte Beat.

„Teilen?", meldeten sich erneut bestürzte Stimmen. „Können wir schon machen", entgegnete Jonas. „Ja, wäre jetzt nicht so schlimm", erwiderte Andrin. „Weiss ich jetzt nicht", meinte Simon. „Willst du lieber gar keinen Ausflug?", fragte Nevio. „Hmm", überlegte Simon. „Nein. Die Antwort lautet Nein", klärte ihn Nevio auf, „also von mir aus können wir das so machen."

Das berührte Liam ein wenig. Nevio war ein cooler Typ. Vor allem, da seine Gruppe langsam begann zu nicken und ihm zustimmte. „Gut, dann wäre das doch abgemacht", meinte Nevio, „die Endgegner kommen zu uns in den Mannschaftsbus."

Das wurde zu der lustigsten Fahrt seines Lebens. Sie erzählten sich gegenseitig Geschichten, sangen random Lieder, lachten über die Überfälle der letzten Woche und unterhielten sich über verschiedene Sportteams, Politiker, Bands und Gott und die Welt.

Als sie in Zernez ankamen, war Liam beinahe traurig darüber, dass die Fahrt zu Ende war. Luca schien es ähnlich zu gehen. „Wir sollten fragen, ob wir am letzten Tag im selben Mannschaftsbus gemeinsam zurück nach Chur fahren können", bemerkte er. Liam fand das einen erstklassigen Vorschlag.

In Zernez war es deutlich kühler, aber ihm gefielen die Häuser und die idyllische Atmosphäre. Na ja, beinahe idyllisch. Sein Bauch war nicht der einzige, der laut knurrte. Das Frühstück von heute Morgen war längst verdaut. Umso glücklicher machte es ihn, als Ursin direkt auf ein Restaurant zusteuerte.

Dort setzten sie ihre Gespräche an gruppendurchmischten Tischen fort und schaufelten sich dabei Burger mit Pommes in den Mund. Herrlich. Genau das hatte er gebraucht. Als Liam sich vollgestopft hatte und sich im Stuhl zurücklehnen wollte, zahlte Louis bereits. „Los geht's", verkündete er, „wir gehen nun in den Nationalpark."

Na, wurde aber auch langsam Zeit. Liam hatte schon viel von dem riesigen Naturschutzgebiet gehört. Aber alle Erzählungen stellten sich als oberflächlich und unseriös heraus. Sie konnten die wahre Schönheit des Nationalparks bei weitem nicht erfassen, ebenso wenig wie die Kamera, mit der sie ein Gruppenbild von ihnen allen machten. Man musste dort gewesen sein, um die Pracht in sich aufsaugen zu können. Liam kam aus dem Staunen kaum mehr raus.

***

Sie latschten durch den Wald, wie sie es in den vergangenen drei Wochen so oft getan hatten. Nun würde es das letzte Mal sein. Es war der letzte Abend im Lager. Wie war das passiert? Die Zeit flog nur so dahin, Nevio hatte das Gefühl, erst gestern angekommen zu sein.

„Was machst du für einen griesgrämigen Gesichtsausdruck? Freust du dich nicht?", erkundigte sich Liam. „Worauf?", fragte Nevio verwirrt. „Auf die Höhle?", lachte Liam. Ach so, die Höhle. Natürlich freute er sich. „Wieso sollte ich mich nicht freuen?", entgegnete Nevio, stolperte über einen Stein und fiel der Länge nach hin.

Simon lachte und meinte: „Du bist und bleibst unser Unfall, vom ersten bis zum letzten Tag." Nevio stand genervt auf, klopfte sich den Dreck von den Kleidern und beteuerte: „Ich schwöre bei meinem linken Ohrläppchen, wenn ich noch einmal über so einen verdammten Stein stolpere, schleudere ich ihn auf den Mond!" Die Gruppe lachte und Noah fand: „Das will ich sehen." Während Liam fragte: „Bei deinem linken Ohrläppchen? Dann ist es ernst."

Sie setzten ihren Weg fort und erreichten zum Glück bald und ohne weitere Stolpermissgeschicke die Höhle. Es dämmerte bereits, sodass sie schnell ein Feuer machten, solange es hell war.

Leandro begann auf einer Gitarre zu spielen, er beherrschte den Erzählungen zufolge unzählige Instrumente, und sie sangen um das Lagerfeuer herum ein paar Lieder. Nevio sah dabei ins Feuer und liess die Bilder der letzten drei Wochen Revue passieren. Er lächelte. Es war richtig geil gewesen, zu schade, dass sie schon heimgehen mussten. Krass, wie schnell die Zeit verging. Kaum zu glauben, dass er vor drei Wochen diese Leute, die nun fast eine zweite Familie waren, nicht mal gekannt hatte und die Hälfte von ihnen vor einer Woche zu seinen grössten Erzfeinden zählten.

„Willst du ein Marshmallow?", riss ihn eine Stimme aus seiner Nostalgie. Er drehte sich zu Gian und nahm ihm die Packung aus der Hand. Mit ihm, Liam und Noah verstand er sich am besten, abgesehen von Luca und Simon natürlich. Sie waren jetzt eine Sechsergruppe.

Nevio hielt den Stecken mit den Marshmallows übers Feuer und hörte einer Geschichte zu, die Jonas erzählte. Dann rissen Gian und er ein paar Witze, worauf Liam und Noah den Sketch aufführten, den sie für die Show letzte Woche einstudiert hatten. Nevio hatte schon lange nicht mehr so gelacht. Seine nicht vorhandenen Bauchmuskeln schmerzten höllisch.

Der Sketch drehte sich hauptsächlich um ihn, der grosse (in Anführung und Schlusszeichen), bekloppte Boss-Spatzenhirn der *Game-zum-Schlechten-Changer* und seinem Handlanger, Captain Vollpfosten, womit Luca gemeint war.

Besonders am Schluss hatte Nevio sich fast weggeschmissen, als Liam und Noah mit dem Sketch fertig waren und Gian zu sich winkten mit den Worten: „Machen wir Freestyle?"

Gian sprang sofort auf und rief: „Hallo, ich bin Nevio und ich habe ein Problem. Ich habe mir das linke Ohrläppchen verstaucht, als ich mich wie ein olympiamässiger Meister aller Klassen in einem unspektakulären Stunt zu Boden geworfen und mich danach geistreich, wie ich bin, auf den Mond katapultiert habe, da ich aus Versehen mich anstatt den Stein, der mit der ganzen Sache nichts zu tun hatte, wegschleuderte. Sachen gibt's." – „Huch", meinte Noah betroffen, „aber man kennt es, oder?" – „Ja", schaltete sich Liam ein, „passiert den Besten."

***

Er hatte die Angelegenheit „Packen" vor einigen Stunden in Angriff nehmen wollen, wie die meisten anderen, da er wusste, dass seine Sachen überall verstreut lagen. Aber Liam konnte sich nicht damit abfinden, schon nach Hause gehen zu müssen, und hatte es stattdessen aufgeschoben. Und hatte das etwas genützt? Nein.

Nun blieben ihm zwei Stunden, bis der Bus fuhr, und bis dahin musste er seinen ganzen Kram gefunden und gepackt haben – eine schwierige Aufgabe, da er nicht genau wusste, welche Kleidungsstücke eigentlich ihm gehörten, weil Beat ihnen allen vor einer Woche neue Kleider besorgt hatte, nachdem ihre alten Sachen aus bekannten Gründen abgefackelt waren. Ausserdem musste die Hütte bis dahin von Grund aus gereinigt sein. Also alles gechillt. Keinen Grund zu stressen.

Das Packen verlief schneller als erwartet und beim Putzen ihrer Hütte waren sie nach der zweiten Woche mit den ganzen Überfällen und Hütten-Inspektionen so geübt, dass es zügig voranging. Bald standen sie neben einem Haufen prallgefüllter Rucksäcke vor einer blitzblanksauberen Hütte – mit Ausnahme des Graffitis und des eingeschlagenen Fensters, was laut Jan jedoch nicht weiter schlimm war – und betrachteten sie. Die Trauer dieses Anblicks war bei allen deutlich spürbar.

Beim Weggehen sahen sie immer wieder zurück und konnten nicht glauben, dass es tatsächlich das letzte Mal war. Nach drei Wochen war diese Hütte für Liam beinahe ein zweites Zuhause geworden, das er nun verlassen würde.

Beim Sportplatz trafen sie auf die Game-Changer, die sie freudig begrüssten. Sie hatten gestern Abend abgemacht gemeinsam im selben Mannschaftsbus zurück nach Chur zu fahren und die Aufsichtspersonen gefragt, ob das in Ordnung sei. Die haben grünes Licht gegeben, worüber Liam sich unheimlich freute. Es war eine coole Gruppe.

Zusammen liefen sie zum Parkplatz, wo Beat bereits auf sie wartete und ihnen den Pokal entgegenstreckte. Da schlug sich Tim an die Stirn und verkündete aufgeregt: „Ich habe ja noch die Handys, die ich heute in unserem Versteck gefunden habe!" Er sah in die Runde, holte einen Sack hervor und fragte: „Was machen wir jetzt damit?"

Liam starrte überrascht auf die elf Kartonschachteln. Er hatte, so absurd es auch klingen mochte, keine Sekunde mehr an die Smartphones gedacht und das, obwohl er in der zweiten Woche noch Feuer und Flamme für sie gewesen war.

„Wir könnten sie verkaufen", schlug Aaron vor und riss Liam damit aus seinen Gedanken. „Das Geld könnten wir dann gerecht aufteilen. So würde für jeden von uns zwanzig etwa 550 Stutz rausspringen, schätze ich."

„Gute Idee", pflichtete ihm Joel bei. „Und der Pokal?", erkundigte sich Fabian. „Wanderpokal", meinte Finn schulterzuckend. „Jeder bekommt ihn für ein Jahr", nickte ihm Nevio zu, „dann haben wir die nächsten zwanzig Jahre einen Grund für ein jährliches Treffen, bei dem wir auslosen, wer den Pokal als Nächstes bekommt."

„Klingt plausibel", erwiderte Liam und schloss am Nicken der anderen, dass die Sache beschlossen war. Niemand meldete sich mehr zu Wort, sodass sie die restliche Wartezeit schweigend verbrachten.

Wenn es nach Liam ging, könnten sie ewig dortbleiben und warten, der Fahrer brauchte sich nicht zu stressen. Natürlich fuhr der Mannschaftsbus genau in dieser Sekunde auf den Parkplatz und bremste quietschend vor ihnen ab. Die Räder kamen zum Stillstand und die Türen sprangen auf, als ob sie *Hereinspaziert!* schreien würden.

Sie verstauten ihre Rucksäcke in den Seitenfächern und betraten dann widerstrebend den Mannschaftsbus. Liam war nicht der Einzige, der zögerte. Aber was sollte er machen, alleine hierbleiben? Eine Überlegung war es wert. Stattdessen setzte er sich neben Nevio in den Mannschaftsbus, Gian und Luca vor ihnen und Noah und Simon neben ihnen, auf der anderen Seite des Korridors.

Als der Mannschaftsbus sich in Bewegung setzte, wurde Liams Herz schwer und er sah, wie alle anderen, zurück zum Lagerplatz. Obwohl man von dem bereits nicht mehr viel sah. Bald blickte er nur noch auf bewaldete Hügel, saftig grüne Wiesen und Berge, aber die würde er auch zuhause sehen.

Nach einer Weile der Fahrt bemerkte Liam, dass sie ihre Handynummern noch nicht ausgetauscht hatten, und holte das sofort nach. Sogleich erstellte er einen Chat mit ihnen sechs. Danach lief er durch den ganzen Mannschaftsbus, um die restlichen Nummern zu sammeln und einen grossen Chat mit ihnen allen zu erstellen. Dann verband sich Simon mit der Lautsprechanlage des Mannschaftsbusses und die Stimmung hob sich wieder ein wenig. Sie würden sich jederzeit treffen können.

Irgendwann legte der Fahrer einen Zwischenstopp bei einer Raststätte ein und sie stürmten in den Laden. Liam holte sich Snacks und Getränke, wie die meisten anderen auch. Nur Luca, Noah, Aaron, Fabian und Julian griffen nicht zu, da sie kein Geld dabei hatten. Sie alle legten sofort etwas Geld zusammen, sodass auch sie sich versorgen konnten.

Dann fuhren sie weiter und kamen ihrem Ziel immer näher. Als sie in Chur einfuhren, war Liam das erste Mal nicht froh darüber, in seine Heimatstadt zurückzukehren. Sie waren viel zu schnell am Bahnhof, wo der Mannschaftsbus hielt. Resigniert stiegen sie aus und nahmen ihre Rucksäcke entgegen.

Sie sahen sich alle ein letztes Mal in die Augen, dann wurde von überall „Tschüss! Wir sehen uns wieder!" gerufen und die Menge teilte sich. Manche wurden von ihren Eltern abgeholt, andere sprangen in den Bus und weitere liefen in Richtung Gleise davon.

Liam blieb an Ort und Stelle stehen und sah ihnen nach. Bis er alleine dort stand, ausser Nevio, der es ihm gleichmachte. Sie lösten ihr Starren und sahen einander an. „Wann fährt der Zug nach Maienfeld?", fragte ihn Liam. „Immer um 1 und 31", gab Nevio zur Antwort. Liam schaute auf die Uhr. Fünf vor. „Dann solltest du langsam gehen", sprach er aus, was Nevio vermutlich schon wusste. „Ja", bestätigte dieser, „du läufst?" Liam nickte. „Na dann", äusserte er sich und streckte den Arm aus. „Na dann", erwiderte Liam und schlug ein. „Man sieht sich", meinte Nevio beim Weggehen. „Ja", rief Liam ihm nach. Das tat man definitiv.

# Epilog

„WAS?" Sie starrten sich an.

„Sag das nochmals!", brüllte Liam. „Es ... es war alles fake", wiederholte Nevio. „Woher willst du das wissen?", fragte Liam zweifelnd. „Es kam im Fernseher."

„WIE BITTE?" – „Jetzt beruhig dich doch mal!", forderte Nevio ihn auf. „ICH SOLL MICH BERUHIGEN? HAST DU DIR SELBST GERADE ZUGEHÖRT?", schrie er sich die Seele aus dem Leib.

„Ja, Mann", seufzte Nevio, „ich bin genau so schockiert wie du." – „Man merkt's", hüstelte Liam. Es blieb still.

„Du hast es im FERNSEHER gesehen?", brach es nach kurzer Zeit aus ihm heraus. „Sag ich doch", erwiderte Nevio genervt.

„Wann? Wo? Warum?", erkundigte Liam sich. „Irgendwas über Konfliktforschung", versuchte Nevio sich zu erinnern. „Konfliktforschung?", wiederholte Liam ungläubig. „Du schaust dir doch nicht etwa Dokus an?"

„Das tut jetzt nichts zur Sache!", entgegnete er. „Hast recht", murmelte Liam kopfschüttelnd, „Konfliktforschung."

„Und jetzt?", fragte Nevio. „Was und jetzt?" – „Ja, was machen wir?" – „Was wir machen?" – „Hör' auf, mir nachzureden!", fauchte Nevio verstimmt.

„Wir müssen es den anderen sagen", überlegte Liam.

„Und wie willst du das ihnen erklären?", erkundigte er sich. „Du wirst ja kaum eine Sprachnachricht schicken: Hey, ich habe gerade rausgefunden, dass ..." – „Nein", unterbrach in Liam, „wir müssen uns treffen."

„Uns treffen?", fragte Nevio skeptisch. „Alle?" – „Ja", meinte Liam bestimmt, „und dann erzählst du ihnen das, was du mir gerade erzählt hast."

Nevio schluckte. „Das wird kein erfreuliches Gespräch." – „Nein", stimmte ihm Liam zu. Sie hatten sich seit dem Lager letztes Jahr regelmässig getroffen, aber nie waren alle dabei gewesen. Sie zwei trafen sich oft und in der Sechsergruppe waren sie ebenfalls häufig unterwegs, aber gleich zwanzig Jungs? Mit diesem Gespräch?

„Und was machen wir dann?" Die Frage kam von Nevio. Liam zuckte die Schultern. „Wir können nichts machen." Schweigen trat ein, dann schüttelten sie beide den Kopf. „Nein", gab ihm Nevio recht, „können wir wohl nicht. Sie hätten uns nie darüber informiert, was?"

Es war keine Frage, sie kannten beide die Antwort. „Erfahren es vom Fernseher", brummte Liam ohne Verständnis. „Von einer Doku", ergänzte Nevio ungläubig. „Mit Videoaufnahmen von uns", meinte Liam empört. „Forschung zu Gruppenkonflikten", zischte Nevio wütend. „Ich fasse es nicht!", donnerte Liam. „Das gesamte Lager war ein Scheiss SOZIALPSYCHOLOGI-SCHES EXPERIMENT!"

# Hintergrund

*Zoff* lehnt sich an das Robbers Cave Experiment an. Dieses wurde im Jahr 1954 von dem Sozialpsychologen Muzafer Sherif im Robbers Cave State Park in Oklahoma durchgeführt. Er erforschte damals anhand von zweiundzwanzig elfjährigen Jungen Intergruppenkonflikte, indem er sie in zwei Gruppen teilte und an einem Ferienlager teilnehmen liess. Das Experiment bestand aus drei Phasen, die jeweils etwa eine Woche dauerten. In der ersten Woche lernten sich die Jungen innerhalb der Gruppe kennen, in der zweiten Woche wurde ein Konflikt zwischen den Gruppen provoziert, indem sie in einem Wettbewerb gegeneinander antreten sollten und in der dritten Woche versuchte man diesen Konflikt durch gemeinsame Ziele zu lösen.

Ich habe dieses Experiment in Gedanken mit Bündner Jugendlichen durchgespielt. Fast alles, was in *Zoff* geschieht, ist frei erfunden.

Aleya Nigg, 2024

# Übersicht

## Game-Changer

Nevio
Luca
Simon
Tim
Andrin
Leandro
Marco
Fabian
Elias
Joel
Nils

## Endgegner

Liam
Gian
Noah
Jonas
Aaron
Julian
Silvan
Finn
Fadri
Dario
Colin

# Dank

Ich möchte mich bei allen bedanken, die mich dabei unterstützt haben, dieses Projekt zu verwirklichen.

Ein herzliches Dankeschön geht an meinen Coach Nicole Sprecher für ihre Unterstützung und die angenehme Zusammenarbeit während des gesamten Projekts und an Federica Menghini für die Übernahme der Rolle als Beisitzerin.

Ebenso möchte ich mich bei meinen Eltern und meinem Götti bedanken, die unzählige Stunden in das Lektorat investiert haben. Durch ihre Korrekturen und wertvollen Kommentare ist die Qualität des Kurzromans stark gestiegen.

Ohne euch wäre mein Buch nicht zu dem Werk geworden, das es jetzt ist.